W0026424

Renée Holler

Tatort Geschichte · Im Netz der Falschmünzer

Ratekrimis mit Aha-Effekt
aus der Reihe Tatort Geschichte:

· Anschlag auf Pompeji
· Eine Falle für Alexander
· Falsches Spiel in der Arena
· Fluch über dem Dom
· Gefahr für den Kaiser
· Gefahr auf der Santa Maria
· Der Geheimbund der Skorpione
· Das Geheimnis des Druiden
· Das Geschenk des Kublai Khan
· Der Mönch ohne Gesicht
· *Im Netz der Falschmünzer*
· Rettet den Pharao!
· Die Rückkehr des Feuerteufels
· Im Schatten der Akropolis
· Die Spur führt zu Aquädukt
· Spurensuche am Nil
· Unter den Augen der Götter
· Verrat am Bischofshof
· Verschwörung gegen Hannibal

Renée Holler

Im Netz der Falschmünzer

Illustrationen von Günther Jakobs

ISBN 978-3-7855-4910-0
1. Auflage 2008

Umschlagillustration: Günther Jakobs
Umschlagfoto: keystone-images
Printed in Germany (007)

www.loewe-verlag.de

Inhalt

Falschgeld 11
Rechenaufgaben 19
Unter Verdacht 28
Auf der Wartburg 37
Der Gefangene im Ritterhaus 46
Nächtlicher Ausflug 55
Der entlaufene Mönch 63
Neue Spuren 71
Das Wirtshaus vor dem Tor 80
Die Geistermühle 90

Lösungen *100*
Glossar *102*
Zeittafel *104*
Martin Luther und die Reformation *107*

Falschgeld

„Kann das nicht bis morgen warten, Meister Petzold?“ Mattheus Falk sah seinen Buchhalter, der in die Stube getreten war, ungehalten an. „Wir essen gerade zu Abend.“ Er deutete auf die versammelte Familie. Seine Frau Gisela, Jutta, die Tochter, und sein Neffe Lukas saßen um den schweren Eichentisch, auf dem bereits die Speisen standen. Nur Liese und Lenchen, die beiden jüngeren Töchter, hatten schon früher gegessen und schliefen bereits.

„Es tut mir leid, Euch zu stören“, erklärte der alte Mann, „aber es handelt sich um einen Notfall.“

„Ein Notfall?“ Lukas' Onkel fischte ein Stück Räucherfleisch aus dem Sauerkraut und steckte es sich in den Mund. „Solange das Kontor noch steht und das Lager mit den wertvollen Tuchen und Gewürzen nicht abgebrannt ist, gibt es nichts Wichtigeres als mein Abendessen.“ Er wischte sich mit dem Handrücken über die Lippen.

„Aber Herr Falk“, fuhr der Buchhalter fort. „Wir stecken tatsächlich in der Klemme. Sonst würde ich Euch doch niemals stören.“

„Na, gut“, erwiderte sein Lohnherr. „Worauf wartet

Ihr dann noch? Berichtet endlich, was geschehen ist." Er griff nach seinem Zinnkrug und nahm einen großen Schluck Dünnbier.

Meister Petzold verbeugte sich. „Wie jeden Abend, bevor ich das Kontor abschließe, habe ich Buch geführt und das Geld in der Kasse gezählt, um es in die Geldkiste einzuschließen." Er begann sein Barett, das er aus Respekt vor seinem Herrn abgenommen hatte, immer heftiger mit den Händen zu kneten. „Dabei habe ich eine schreckliche Entdeckung gemacht."

„Und?" Mattheus Falk biss ein Stück Brot ab.

„Ich habe in der Kasse mehrere Münzen Falschgeld entdeckt", stieß der alte Buchhalter aufgeregt hervor. „Genauer gesagt, fünf neue Groschen mit einer Abbildung unseres Landesherrn Friedrich dem Weisen."

Mattheus Falk begann zu husten. Vor lauter Schreck hatte er sich verschluckt. Seine Frau stand auf und klopfte ihrem Mann auf den Rücken. „Falschgeld?“, fragte dieser schließlich mit hochrotem Gesicht. „Wir müssen umgehend den Büttel verständigen. Die Herstellung von Falschgeld ist ein ernstes Vergehen.“

Meister Petzold nickte. „Ich weiß. Deswegen bin ich ja auch gleich zu Euch gekommen. Allerdings bin ich mir nicht sicher, ob wir die Angelegenheit tatsächlich melden sollen.“

„Und wie, lieber Meister Petzold, soll ich das verstehen? Natürlich muss Erwin Köhler informiert werden.“

„Verzeiht, Herr Falk, doch es ist eine äußerst brisante Lage. Nicht nur die Herstellung und Verbreitung von falschen Münzen wird bestraft. Selbst wer nur Münzen *besitzt*, gilt als schuldig. Erst kürzlich hat man in Frankfurt einen Mann mit einem Beutel gefälschter Gulden erwischt.“ Er holte tief Atem, bevor er fortfuhr. „Man hat ihn auf dem Scheiterhaufen verbrannt.“

Durch die offene Stubentür drang plötzlich kühle Zugluft vom Hausflur her. Trotz des gemütlichen Feuers, das zu dieser Jahreszeit im Kachelofen prasselte, spürte man mit einem Mal die eisige Kälte des Winterabends. Lukas schauderte. Jutta, seine gleichaltrige Cousine, war blass geworden und rieb sich fröstelnd die Arme. Gisela Falk, die immer noch hinter ihrem Mann stand, zupfte nervös an den Bändern ihrer Haube, bevor sie sich wieder auf ihren Platz setzte. Alle blickten fassungslos zum Buchhalter. Selbst Lukas, der sich gewöhnlich nicht im Geringsten für die Geschäfte seines Oheims interessierte, starrte den Buchhalter ungläubig an. Wenn Onkel Mattheus wegen der falschen Groschen in Schwierigkeiten käme, würde das nicht nur für dessen nächste Familie, sondern auch für ihn, seinen Neffen, schlimme Folgen haben. Man würde ihn bestimmt zurück zu seinen Eltern nach Winterstein schicken. Dort müsste er wieder zur Dorfschule gehen, statt wie hier in Eisenach zur Lateinschule. Seine Pläne, eines Tages, wenn er erwachsen war, zu studieren, würden wie Seifenblasen zerplatzen.

„Deswegen“, fuhr Meister Petzold schließlich fort, „können wir es auf keinen Fall riskieren, zum Büttel zu gehen. Was, wenn der Mann denkt, wir hätten die Münzen geprägt?“

„Unsinn“, erwiderte Onkel Mattheus. „Wie soll er denn darauf kommen? Ich bin Kaufmann und kein Schmied. Wie sollte ich denn Münzen prägen? Nein,

Erwin Köhler muss umgehend verständigt werden. Allerdings würde mich doch interessieren, wie das Geld in unsere Kasse gelangt ist."

„Es stammt von der Wartburg", erwiderte der Buchhalter bestimmt. „Da bin ich mir hundertprozentig sicher."

„Der Wartburg?" Onkel Mattheus musterte den alten Mann zweifelnd. „Da irrt Ihr Euch gewiss."

Doch der Buchhalter blieb bei seiner Meinung. „Der Burghauptmann hat heute Nachmittag mehrere Fässer Wein bestellt und sich anschließend die neuen Wollstoffe aus Flandern angeschaut. Er wollte seine Frau mit einem Geschenk überraschen und hat gleich mehrere Ellen von dem smaragdgrünen gekauft. Danach hat er alles bar bezahlt."

„Ihr wollt doch nicht andeuten, dass Hans von Berlepsch für das Falschgeld verantwortlich ist?" Onkel Mattheus schüttelte verblüfft den Kopf. „Ich kenne

den Burgvogt gut. Er ist ein ganz und gar ehrlicher Mann. Außerdem war er heute doch sicher nicht der einzige Kunde."

„Natürlich nicht", antwortete Meister Petzold, „doch er war der Einzige, der mit Bargeld zahlte. Alle anderen haben angeschrieben oder nur Waren bestellt. Die Münzen können daher nur von der Burg stammen."

Der Onkel schob mit seinem Zeigefinger einige Krümel zu einem Häufchen zusammen. „Geld wandert von Hand zu Hand", meinte er nachdenklich. „Von Berlepsch hat die Groschen vermutlich selbst irgendwo als Wechselgeld erhalten. Ohne zu bemerken, dass die Münzen falsch waren, hat er dann Euch damit bezahlt."

Doch Meister Petzold ließ sich nicht so schnell überzeugen. „Tut mir leid, Herr Falk, aber bei der Geheimniskrämerei, die seit letztem Frühjahr auf der Burg herrscht, könnte ich mir dort oben alles Mögliche vorstellen. Findet Ihr nicht, dass das Ganze äußerst verdächtig ist?"

„Ihr meint wohl den Gefangenen?" Der Onkel lächelte. „Das ist doch längst kein Geheimnis mehr. Jede Marktfrau in Eisenach hat mittlerweile von dem Mann, der im Ritterhaus der Wartburg wohnt, gehört."

„Das stimmt schon", gab der Buchhalter zu, „doch niemand weiß, was er verbrochen hat und wieso man ihn gefangen hält."

„Das tut nichts zur Sache. Im Augenblick ist wichtiger, Erwin Köhler Bescheid zu geben, dass in Eisenach Falschgeld im Umlauf ist. Der Büttel ist ein kluger Mann. Er wird den Fall sicher rasch lösen."

„Aber Euer Ruf steht auf dem Spiel", wandte der alte Mann ein.

„Um meinen Ruf, lieber Meister Petzold, macht Euch bitte keine Sorgen. Immerhin bin ich ein angesehener Bürger der Stadt." Schon wollte er den Buchhalter entlassen, als er sich doch noch anders besann. „Bevor Ihr zum Büttel geht", meinte er, „würde ich mir die falschen Münzen gerne persönlich ansehen."

„Selbstverständlich." Der alte Mann war offensichtlich auf diesen Wunsch vorbereitet. Er öffnete seinen Beutel, der am Gürtel hing, und einen Augenblick später legte er eine Handvoll Münzen auf den Tisch.

„Sind die alle falsch?" Interessiert untersuchte der Onkel die Münzen.

„Nein, nur einer dieser Groschen ist falsch. Ich habe Euch absichtlich echte Groschen zum Vergleich danebengelegt."

„Gisela“, wandte der Onkel sich an seine Frau. „Reich mir mal den Kienspan. Bei dem Licht kann man ja kaum etwas sehen.“

Die Tante griff nach dem Halter und hielt die Flamme über die Münzen. „Die schauen alle gleich aus“, stellte sie leise fest.

„Stimmt“, brummte ihr Mann. „Ich kann auch keine falsche sehen. Meister Petzold, ich glaube, Ihr irrt Euch.“

Doch Lukas, der sich weit über den Tisch gelehnt hatte, um die Münzen besser zu sehen, war anderer Meinung. Obwohl er wusste, dass er sich eigentlich nicht in die Gespräche Erwachsener einmischen durfte, deutete er auf einen der Groschen. „Es ist dieser hier.“

Welcher Groschen ist falsch?

Rechenaufgaben

„Ich musste die ganze Nacht an den Mann aus Frankfurt denken, den sie auf dem Scheiterhaufen verbrannt haben“, meinte Jutta, als sie am nächsten Morgen mit müden roten Augen verspätet zum Frühstück in die Küche kam. Ihr Vater war bereits im Kontor und die Mutter mit der Magd zum Markt unterwegs. Nur ihre kleinen Schwestern und Lukas saßen noch am Tisch, während die Köchin sich am Herd zu schaffen machte.

„Welcher Mann aus Frankfurt?“, fragte die fünfjährige Liese interessiert.

„Flankfut, Flankfut“, plapperte Lenchen, die Jüngste nach. Dazu schlug sie im Takt mit ihrem Holzlöffel auf die Tischplatte.

„Ach, nichts“, meinte Jutta schnell. Sie wollte die beiden Mädchen nicht unnötig ängstigen. Gleichzeitig gab sie Lukas hinter ihrem Rücken ein Zeichen, ihr in die Diele zu folgen. Sie musste unbedingt mit ihm sprechen, bevor er zur Schule aufbrach.

„Vater ist Mitglied im Stadtrat und ein angesehener Kaufmann“, erklärte sie gleich anschließend im Flur. „Ein Falschgeldskandal könnte ihn ruinieren.“

„Das weiß ich auch.“ Lukas warf sich ungeduldig seinen Mantel über die Schultern.

„Trotz seines Einflusses“, fuhr Jutta fort, „ist er dem Büttel machtlos ausgeliefert.“ Das Mädchen zwirbelte das Ende einer ihrer Zöpfe zwischen Daumen und Zeigefinger. „Es sei denn, wir kommen ihm zuvor, finden die richtigen Geldfälscher und liefern sie Erwin Köhler aus. In dem Fall hätte Vater nichts zu befürchten.“

„Und wie sollen wir das schaffen?“

„Ganz einfach. Du gehst nach der Schule zur Burg hoch und schaust dich dort um.“

„Ich?! Wieso gehst du nicht selber hoch?“ Lukas setzte seine Mütze auf.

„Du weißt doch, wie Mutter ist“, erwiderte seine Cousine. „Die würde mich nie alleine aus dem Haus lassen. Außerdem soll ich ihr heute beim Flicken helfen.“

Jutta hatte recht. Tante Gisela war fest davon überzeugt, Mädchen hätten ohne die Begleitung Erwachsener nichts auf der Straße zu suchen. Er überlegte einen Augenblick.

„Und wie soll ich in die Burg hineinkommen? Es gibt nur den Eingang über die Zugbrücke, und der ist ständig bewacht.“

„Ach, komm schon“, grinste Jutta. „Du bist doch ein schlauer Junge. Dir fällt schon etwas ein.“ Sie reichte ihm seine Wachstafel. „Und jetzt beeil dich, sonst kommst du noch zu spät zur Schule.“

Lukas zog die schwere Eichentür hinter sich zu und schritt in der eisigen Winterluft nachdenklich durch die Gassen der Stadt, Richtung Franziskanerkloster, wo die Schulräume untergebracht waren. Vielleicht war Juttas Idee doch gar nicht so schlecht.

Die Schulstube, in der man trotz des Kachelofens stets Zugluft spürte, roch nach Kreide und frisch gescheuertem Boden. Die meisten Schüler waren noch dabei, sich die Mäntel auszuziehen oder untereinander Neuigkeiten auszutauschen. Lukas' Freunde Simon und Konrad saßen bereits auf den Holzbänken in der dritten Reihe. Lukas setzte sich auf seinen Platz daneben. Doch gerade, als er seinen Freunden von den Geldfälschern berichten wollte, betrat Magister Hilbrecht das Klassenzimmer.

„Ruhe!“, rief er und ließ seinen strengen Blick über die Bankreihen wandern. In seiner Hand zuckte die Rute, die er immer bei sich hatte.

Lukas und seine Mitschüler standen hastig auf, um den Lehrer im Chor zu begrüßen. Wie jeden Morgen senkten sie gleich anschließend die Köpfe zum Gebet. Erst danach durften sie sich wieder auf ihre Holzbänke setzen, wo sie schweigend darauf warteten, dass der Schulmeister den Unterricht begann. So gerne Lukas sein Problem mit den Freunden besprochen hätte – das musste warten. Stattdessen stand lateinische Grammatik auf dem Stundenplan.

Magister Hilbrecht, der inzwischen die beiden Stufen zum Katheder hochgestiegen war, öffnete ein dickes, in Leder gebundenes Buch.

„Gestern haben wir die o-Deklination durchgenommen“, begann er. „Mal sehen, ob ihr euch noch erinnert. Dekliniert *puer* Singular!“

„*Puer, pueri, puero, puerum, puero*“, legten die Jungen einstimmig los, bis auf Lukas, der mit lateinischen Vokabeln heute absolut nichts im Sinn hatte. Zwar bewegte er mechanisch die Lippen, doch mit seinen Gedanken war er anderswo. Er musste unbedingt einen Weg finden, in die Wartburg zu gelangen. Wenn ihm doch eine Möglichkeit einfiele, wie er das schaffen konnte! Wie aus weiter Ferne hörte er plötzlich, wie jemand seinen Namen rief.

„Lukas Lehmann! Wach auf!“ Magister Hilbrecht stand vor ihm, die Rute drohend in der Hand. „Ich warte auf deine Antwort!“

„Ich ... ich“, stotterte Lukas verlegen. Hilfesuchend sah er zu Simon hinüber, doch es war zu spät. Der Schulmeister holte weit aus und versetzte ihm einen schmerzhaften Schlag auf den Rücken.

„Das wird dich lehren, während des Unterrichts zu schlafen!“, herrschte Magister Hilbrecht ihn an. „Und damit du diese Lektion auch nicht vergisst, wirst du bis zur Pause der *asinus* sein.“ Im nächsten Augenblick stülpte ihm der Schulmeister einen hohlen

Eselskopf mit langen Ohren über den Kopf und wies ihn an, sich in die hintere Ecke der Schulstube zu stellen.

„Schweigt!“, forderte Magister Hilbrecht mehrere Jungen in der letzten Reihe auf, die kichernd ihre Köpfe zusammengesteckt hatten. „Oder ihr werdet die Nächsten sein.“ Danach setzte er den Unterricht fort.

Endlich läutete die lang ersehnte Pausenglocke. Zwar mussten die Jungen gewöhnlich auf den Schulhof, doch da heute ein allzu eisiger Wind wehte, gestattete Magister Hilbrecht seinen Schülern ausnahmsweise, im Klassenzimmer zu bleiben. Lukas überredete Simon und Konrad, aller Kälte zum Trotz, auf den Hof zu gehen. Er wollte nicht, dass die anderen Schüler mithörten.

„Es würde mich keineswegs wundern, wenn die oben auf der Burg ungesetzliche Geschäfte betreiben“, meinte Simon, nachdem Lukas seinen Bericht beendet hatte. „Mein Vater ist ohnehin überzeugt, dass es dort nicht mit rechten Dingen zugeht.“

„Wieso?“

„Wegen des Papiers“, erklärte Simon, während er seine kalten Hände rieb. „Mein Vater beliefert die Burg mit Papier. Nicht nur hin und wieder ein paar Bögen, sondern jede Woche stapelweise. Kaum hat Vater neues hochgebracht, bestellt der Burgvogt mehr. Und jetzt erklärt mir mal, was ein normaler Mensch mit so viel Papier anfangen kann."

„Vielleicht steckt das Gespenst dahinter, das auf der Wartburg spuken soll", überlegte Konrad.

„Welches Gespenst?" Lukas blickte den Freund verwundert an. „Wie kommst du denn da drauf?"

„Die Frau des Burghauptmanns hat es meiner Mutter erzählt", verkündete Konrad stolz. „Sie hat gesagt, dass es nachts im Ritterhaus sein Unwesen treibt. Dabei veranstaltet es ein ungeheuerliches Getöse. Angeblich hört es sich an wie Fässer, die die Treppe hinunterfallen."

Lukas kratzte sich hinter dem Ohr. „Bei all diesen unerklärlichen Dingen überrascht es mich nicht, dass der Buchhalter meines Onkels meint, der Burghauptmann stecke hinter der Falschgeldgeschichte. Mir bleibt keine andere Wahl: Ich muss zur Burg hoch, um das herauszufinden."

„Ich komme mit", verkündete Simon.

„Ich auch“, meinte Konrad. „Ein solches Abenteuer darf man sich auf keinen Fall entgehen lassen.“ Er hielt einen Augenblick inne. „Wie sollen wir am Torwächter vorbei? Der lässt uns sicher nicht einfach passieren.“

„Doch“, erwiderte Simon. „Ich habe schon eine Idee.“

Im nächsten Augenblick erschien Magister Hilbrecht auf dem Schulhof, eine Glocke in der Hand. Bevor Simon die Gelegenheit hatte, den Freunden seinen Plan zu erklären, saßen sie wieder auf den Bänken im Klassenzimmer. Schon teilte der Lehrer Rechentücher und Tontaler aus. Selbst das leiseste Flüstern würde Magister Hilbrecht nicht entgehen. Verstohlen schaute Lukas Simon an. Wie schaffte der es nur, sich auf den Unterricht zu konzentrieren? Obwohl Lukas Rechnen gewöhnlich auch mochte, waren seine Gedanken bei der Burg. Sein Freund dagegen schien ganz bei der Sache zu sein. Er kratzte eifrig Zahlen in seine Wachstafel. Doch einen Augenblick später spürte Lukas, wie er ihn am Hemdärmel zupfte und ihm gleichzeitig die beschriebene Wachstafel zuschob. Lukas hatte sofort verstanden. Es handelte sich um eine Geheimbotschaft. Wann immer sie sich etwas Vertrauliches mitteilen wollten, benutzten sie einen Code. Man musste nur die Buchstaben des Alphabets durch Ziffern ersetzen – A durch 1, B durch 2 –, und schon hatte man den Text entziffert.

Lukas grinste Simon an. Was für ein hervorragender Einfall!

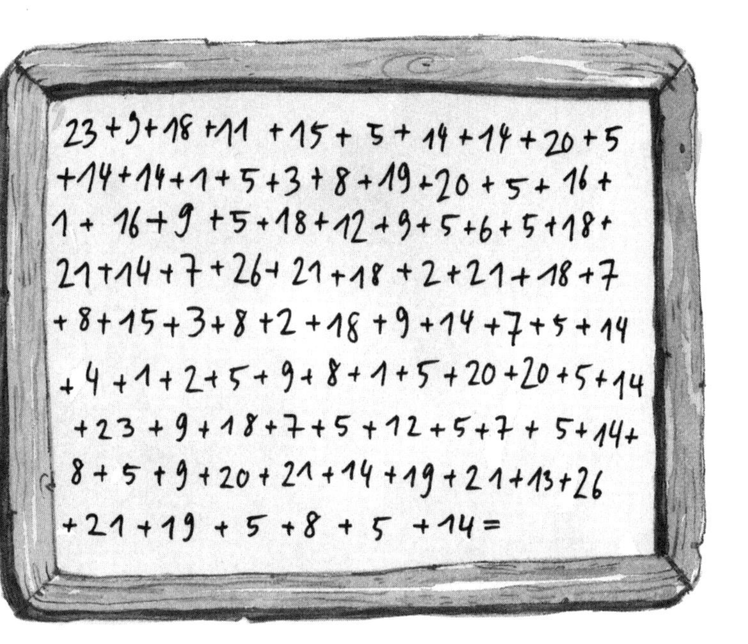

Wie lautet die Botschaft auf der Tafel?

Unter Verdacht

„Papier zur Burg liefern!“ Jutta war begeistert, als ihr Lukas von dem Plan berichtete. „Meinst du, Simons Vater würde euch das tun lassen?“ Ein Klappern ließ sie beunruhigt aufsehen. Doch es war nur der eisige Wind, der an den Butzenscheiben der Wohnstube rüttelte. Wenigstens war es hier auf der Bank, neben dem Kachelofen, wohlig warm. Sie rückte näher, um Lukas besser zu verstehen.

Doch der Junge antwortete nicht gleich. Er musterte Juttas jüngere Schwestern, die sich unter dem Tisch ein Haus eingerichtet hatten und dort mit ihren Puppen spielten. Erst nachdem er sich versichert hatte, dass die Mädchen sich nicht im Geringsten für das Gespräch der beiden Älteren interessierten, fuhr er flüsternd fort.

„Wir sind nach der Schule gleich mit Simon in den Laden seines Vaters gegangen, und Herr Kolb hat sofort zugestimmt. Er hat sich sogar darüber gefreut, dass Simon mal von sich aus angeboten hat, ihm zu helfen. Zufälligerweise hat der Burghauptmann heute sowieso neues Papier bestellt. Wir werden es morgen nach der Schule zur Burg hochbringen.“

„Da würde ich gerne mit!“ Jutta seufzte leise, obwohl sie wusste, dass dies unmöglich war. Ihre Mutter würde sie niemals allein mit den Jungen losziehen lassen. „Ihr müsst euch genau umsehen“, wies sie ihren Vetter an. „Jeden Winkel auf der Burg durchsuchen. Und wenn euch etwas Verdächtiges auffällt, gleich dem Büttel melden.“

Plötzlich begannen die Kienspäne in ihren Haltern unruhig zu flackern. Die Tür zur Stube schwang auf, und Tante Gisela trat in den Raum.

„Jutta“, wandte sie sich an ihre ältere Tochter, ohne die Kleinen unter dem Tisch zu beachten. „Weißt du, wo die alte Wolldecke aus der Flickenkiste ist?“

„Welche Wolldecke?“

„Die braune mit den schwarzen Streifen“, erklärte ihre Mutter. „Sie ist spurlos verschwunden.“

Jetzt erinnerte sich auch Jutta an die alte Decke, die an zahlreichen Stellen mit bunten Stoffresten geflickt war. „Ist sie nicht in der Truhe, wo du die abgetragenen Kleider und Stoffreste aufhebst?“

Tante Gisela schüttelte den Kopf. „Dort habe ich sie auch zuletzt gesehen, doch da ist sie nicht mehr. Auch Vaters alter Mantel ist verschwunden. Dabei wollte ich die Sachen ins Annenhospital bringen lassen. Es ist ein ungewöhnlich kalter Februar. Die Armen und Kranken könnten die Sachen sicher gut gebrauchen.“ Sie horchte auf. „Was ist denn jetzt schon wieder los?“

Aus dem Treppenhaus drangen Stimmen in die Wohnstube. Gleich darauf hörte man Onkel Mattheus rufen: „Gisela, kannst du mal kommen?“

Frau Falk raffte ihre Röcke und eilte die Stiegen hinab. Jutta und Lukas folgten ihr interessiert auf den Gang hinaus. Was hatte dieser Tumult zu bedeuten? Nur Liese und Lenchen ließen sich nicht von dem Lärm stören.

„Komm zum Treppenabsatz“, wisperte Jutta. „Von dort kann man die Diele ausgezeichnet überblicken, ohne von unten gesehen zu werden.“ Als sie gleich darauf hinter dem Geländer kauerten, griff das Mädchen alarmiert nach Lukas’ Hand.

Auch der Junge hatte den Mann erkannt, der im Schein der flackernden Talgkerzen vor dem wuchtigen Eichenschrank stand. Es handelte sich um Erwin Köhler, den Stadtbüttel. War er gekommen, um den Onkel zu verhaften? Bei ihm war eine dicke Frau. Was hatte sie hier zu suchen? Erst als sie ein Stück auf die Seite trat, erkannte Lukas Frau Hanselmann, die Frau des Kuchenbäckers aus der Predigergasse. Neben dem Büttel standen Meister Petzold und der Onkel. Tante Gisela, die gerade am Fuß der Treppe angekommen war, blickte ihren Mann fragend an.

„Hol doch bitte die Trude“, wies er sie an.

Ohne zu fragen, eilte Tante Gisela in die Küche, wo die Magd um diese Zeit der Köchin half, das Abendessen zuzubereiten. Einen Augenblick später kamen die beiden Frauen zurück.

„Das ist sie!“, rief die Bäckersfrau, bevor der Büttel etwas sagen konnte, und deutete mit dem Zeigefinger auf Trude. „Sie hat mit einem falschen Groschen bezahlt. Betrügerin!“

„Danke, Frau Hanselmann“, meinte Erwin Köhler nur kurz. „Ihr könnt gehen.“

„Verhaftet Ihr die Jungfer nicht gleich auf der Stelle?“ Die Bäckersfrau sah den Büttel fassungslos an. „Derartiges Gesindel darf auf keinen Fall frei herumlaufen!“

„Ich werde mich um die Angelegenheit kümmern.“ Er wies mit einer Handbewegung zur Tür. Kopfschüttelnd trat die Frau aus dem Haus. „Unglaublich“, meinte sie nur und schlug die Tür hinter sich zu.

„Stimmt es, dass Ihr heute früh in der Bäckerei Hanselmann eingekauft habt?", wandte sich Herr Köhler jetzt an die Magd, die erschrocken von ihm zu ihrer Herrin sah.

Sie nickte schüchtern. „Ja", meinte sie kaum hörbar. „Ich machte dort für die Köchin Besorgungen. Heute Abend gibt es Suppe, und dazu essen wir immer Hefezopf."

„Und habt Ihr dort mit einem Groschen bezahlt?"

„Ich kann mich nicht mehr erinnern", stammelte die junge Frau. „Als ich zur Bäckerei ging, hatte ich alle möglichen Münzen in meinem Beutel. Allerdings weiß ich noch genau, dass ich nur einen Gulden dabeihatte." Sie blickte zu Tante Gisela, die bestätigend nickte.

„Wir sind heute früh zusammen aus dem Haus gegangen", erklärte die Tante. „Während ich eine Bekannte besuchte, ging Trude einkaufen."

„Und welche Läden habt Ihr aufgesucht?", wandte sich der Büttel wieder an die Magd.

„Erst bin ich zum Kürschner, um Frau Falks neue Handschuhe abzuholen, danach habe ich bei der Krämerin am Markt Nadeln besorgt und schließlich den Kuchen in der Bäckerei."

„Vertraut Ihr Eurer Magd immer so viel Geld an?",

fragte Herr Köhler die Tante. „Ein Gulden ist viel wert."

„Ziegenlederhandschuhe sind teuer", erwiderte diese kurz. „Da hätten ein paar Groschen nicht ausgereicht."

„Falschgeld ist eine ernste Angelegenheit", erwiderte Erwin Köhler streng. „Damit ist nicht zu spaßen." Dann musterte er Trude. „Bis aufs Nächste brauche ich Euch nicht mehr." Und zu Onkel Mattheus gewandt sagte er: „Könnten wir das Ganze anderswo als in Eurer Diele besprechen?"

„Selbstverständlich", antwortete der Onkel. „Mein Arbeitszimmer im Kontor ist gleich nebenan." Er öffnete eine Tür, die rechts zu den Geschäftsräumen führte. Einen Augenblick später standen nur noch seine Frau und Trude in der Diele.

„Mach dir keine Sorgen“, tröstete Tante Gisela die Magd. „Es liegt sicher ein Missverständnis vor.“ Dann fiel der Tante noch etwas anderes ein. „Trude“, fragte sie, „hast du eine Ahnung, wo die Sachen aus der Flickentruhe abgeblieben sind?“

Trude überlegte kurz. „Tut mir leid, gnädige Frau, darüber weiß ich nichts. Aber fragen Sie doch mal die Köchin – vielleicht weiß sie etwas über die Wolldecke.“ Und schon war sie durch die Küchentür geschlüpft, wo die alte Anna bereits auf ihre Hilfe wartete.

Zurück in der Stube, hockten sich Lukas und Jutta wieder auf die Ofenbank.

„Wollt ihr mitspielen?“, kam Lieses Stimme unterm Tisch hervor.

„Später“, vertröstete sie Jutta. Sie und Lukas hatten Wichtigeres zu besprechen.

„Ich würde Trudes Aussage an Köhlers Stelle genauer überprüfen“, meinte das Mädchen ernst. „Ich glaube ihr kein Wort.“

„Trudes Aussage?“ Lukas verstand nicht.

„Na, die hat doch gerade ganz offensichtlich gelogen“, erklärte sie.

„Unsinn! Trude hat sich nur geirrt“, verteidigte Lukas die Magd. „Vermutlich hatte sie, ohne es zu bemerken, doch noch andere Münzen im Beutel. Wieso sollte sie deswegen lügen? Immerhin stammt Tante Giselas Haushaltsgeld aus der gleichen Kasse, in der Meister Petzold das Falschgeld gefunden hat. Da hätte sich leicht ein falscher Groschen daruntermischen können."

„Aber, das meine ich doch gar nicht ...", fing Jutta an, doch der Junge ließ sie nicht zu Wort kommen.

„Vielleicht hat sie den falschen Groschen auch als Wechselgeld erhalten", überlegte er. „In dem Fall wären auch der Kürschner und die Nadelkrämerin verdächtig."

„Trude hat gelogen!", wiederholte Jutta überzeugt. „Und wer einmal lügt, der hat sicher mehr zu verbergen. Wenn ihr euch morgen auf der Burg umseht, werde ich auf jeden Fall Anna aushorchen. Sie ist mit der Magd befreundet."

Lukas schüttelte verständnislos den Kopf. Er begriff einfach nicht, wieso seine Cousine immer noch darauf beharrte, dass die Magd log.

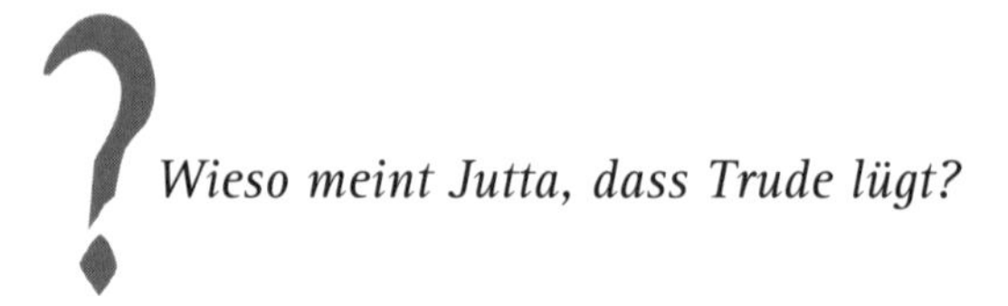

Auf der Wartburg

„Ich dachte schon, ihr habt es euch anders überlegt“, meinte Herr Kolb, als die drei Jungen endlich in den Laden stürmten. „Was hat euch denn so lange aufgehalten? Die Schule ist doch längst aus. Oder hat euch Magister Hilbrecht mal wieder nachsitzen lassen?“ Sorgfältig zog er die Schrauben der Buchpresse fest, denn Herr Kolb verkaufte nicht nur Papier, sondern war gleichzeitig Buchbinder.

„Wir haben nach der Schule Kurrende gesungen“, stöhnte Simon. Alle Schüler der Lateinschule gehörten automatisch einem Chor an, dessen Pflicht es war, in der Kirche anzutreten. „Eine Totenmesse in der Georgenkirche. Es hat ewig gedauert, bis wir endlich nach Hause gehen durften.“

„Das Papier ist hier.“ Herr Kolb deutete auf drei Bündel, die auf dem Arbeitstisch neben Stapeln von Büchern lagen. „Euch bleibt nicht mehr viel Zeit. Bald schließen die Stadttore für die Nacht. Bis dahin müsst ihr zurück sein.“

„Es ist nur ein kurzes Stück zur Burg hoch“, meinte Lukas. „Das schaffen wir leicht.“

„Und noch einmal vielen Dank“, erwiderte Simons

Vater lächelnd. „Mein Lehrling hat sich den Fuß verstaucht. Da kann ich eure Hilfe gut brauchen."

Jeder der Jungen ergriff eines der Pakete, die sorgfältig in Tuch gewickelt und verschnürt waren. Dann verabschiedeten sie sich von Herrn Kolb und traten auf die Gasse hinaus.

„Na, dann los!" Lukas zog seine Mütze tiefer ins Gesicht und schulterte seinen Ballen. Gleich hinter dem Predigertor schlängelte sich ein steiler Weg durch den Wald zur Burg hoch. Anfangs standen nur vereinzelte Bäume am Wegrand, die ihre blattlosen Äste in den Winterhimmel streckten. Doch nach einer kurzen Strecke wurde der Wald dichter. Hier konnte man den eisigen Wind, der außerhalb der Stadtmauern pfiff, nicht mehr ganz so stark spüren. Im Zwielicht stiegen die Jungen zügig weiter bergauf. Sie konnten es kaum erwarten, ihr Ziel zu erreichen.

„Was war das?“ Simon hielt ruckartig an. Auch die beiden Freunde blieben stehen, um zu lauschen. Da war es wieder. Auf dem Pfad ein Stück weiter über ihnen ertönte ein dumpfes Röhren.

„Das sind nur Esel“, stellte Lukas erleichtert fest. Tatsächlich erklang kurz darauf Hufgeklapper, und bei der nächsten Wegbiegung tauchten mehrere Esel auf, gefolgt von einem Mann mit Pelzkappe. Er hielt eine Peitsche in der Hand, mit der er auf die Tiere einhieb.

Während die Jungen auf die Seite traten, um die Lasttiere vorbeizulassen, wechselten sie ein paar höfliche Worte mit dem Treiber. „Zur Burg wollt ihr hoch?“, meinte dieser, während er ihnen verschmitzt zuzwinkerte. „Da nehmt euch nur vor dem Burggespenst in Acht. Und vor den Wölfen“, fügte er noch hinzu. „Die treiben um diese Jahreszeit im Wald ihr Unwesen. Kleine Jungs mögen sie besonders gern.“ Leise in sich hineinlachend schritt er weiter.

„Spaßvogel“, brummte Lukas. Als ob der Wald nicht schon unheimlich genug war. Konrad dagegen, der selber gerne Gruselmärchen erzählte, blieb unerschrocken.

„Habt ihr von dem Verlies im Südturm der Burg gehört?“, begann er und fuhr ohne eine Antwort abzuwarten fort: „Der einzige Zugang ist durch ein winziges Loch im Boden der Turmstube. Gefangene werden durch dieses Loch in die Tiefe abgeseilt. Und dort werden sie ihrem grausigen Schicksal überlassen.“ Konrad senkte seine Stimme, um seiner Schauergeschichte mehr Wirkung zu verleihen. „Da man ohne Tau oder Strickleiter nicht herauskommt, verhungern sie, bis nur noch das Skelett übrig bleibt.“

„Unsinn“, erwiderte Simon. Er glaubte Konrad kein Wort.

Aber Lukas wusste, dass der Freund die Wahrheit sprach. Sein Oheim hatte ihm von dem Angstloch erzählt, und Mattheus Falk würde niemals lügen.

Nur ein kurzes Stück weiter lichtete sich der Wald, und auf dem Felsen über ihnen erhob sich die Wartburg mit ihren Wehrgängen und Wachtürmen. Die Zugbrücke, die über den Burggraben führte, war heruntergelassen, doch das Burgtor war verschlossen. Simon begann, mit den Fäusten dagegenzuhämmern.

„Papierlieferung vom Buchbinder Kolb“, kündigte er sich und seine Freunde an.

In der winzigen, vergitterten Öffnung erschien kurz ein Auge.

„Na, endlich“, hörte man eine tiefe Stimme. „Der Junker hat schon wieder fast alle Seiten vollgeschrieben. Gott sei Dank seid Ihr rechtzeitig da, denn wenn ihm das Papier ausgeht, bekommt er wieder einen seiner Wutanfälle."

Gleich darauf schwang das „Nadelöhr", eine schmale, spitzbogige Pforte, die in das große Tor eingelassen war, auf. Ein dicker Mann musterte die drei erstaunt. Er hatte zwar die Lieferung, doch keine Kinder erwartet.

„Tretet ein", wies er die Jungen an, die durch das Nadelöhr ins Torhaus schritten. Von dort konnte man eine gepflasterte, leicht gekrümmte Auffahrt sehen, die durch einen weiteren Torbogen in den Burghof führte.

„Herr von Berlepsch ist gerade in der Burgschmiede, um die Behufung seines Lieblingspferdes zu überwachen“, erklärte der Wächter. „Da will ich ihn nicht stören. Ich selber darf nicht vom Tor weg, und mein Kollege schläft gerade, um sich für die Nachtwache auszuruhen.“ Er kratzte sich nachdenklich an der Schläfe. „Wenn ich euch den Weg beschreibe, könntet ihr das Papier dem Junker selbst bringen.“

Hervorragende Idee, dachte Lukas. Denn dabei könnten sie sich ungehindert auf der Burg nach den Geldfälschern umsehen.

Konrad indessen dachte immer noch ans Burgverlies. „Und wie sollen wir die Pakete durchs Angstloch abseilen?“, fragte er.

„Durchs Angstloch?“ Der Wachmann lachte schallend. „Junker Jörg im Turmverlies? Das würde Herr von Berlepsch nie erlauben. Der Junker ist kein gewöhnlicher Gefangener. Er ist ein bedeutender Mann, der selbstverständlich in einer Stube im Ritterhaus wohnt.“

„Könnte er von dort nicht leicht entkommen?“

„Der Herr ist für seine eigene Sicherheit hier. Es wäre äußerst unbesonnen, wenn er davonlaufen würde.“

„Und wie gelangen wir zu seiner Stube?“ Lukas wollte sich endlich auf der Burg umsehen.

„Am besten, ich lasse euch durch die Wächterstube ins Haus rein.“ Er deutete auf einen schmalen, spitzbogigen Durchgang auf der rechten Seite des Torbogens.

„Wenn ihr durch die Tür gleich links geht, könnt ihr übers Treppenhaus in der Diele nach oben … Ach, was rede ich denn da – ich kann euch ja nicht durch die Privaträume des Burgvogts schicken. Außerdem ist es viel einfacher, wenn ihr hier entlanggeht.“ Er deutete die gepflasterte Durchfahrt hinauf. Links konnte man den Wehrgang erkennen, genau gegenüber den Fachwerkbau des Ritterhauses. „Gleich rechts, neben der Mauer, führen Steinstufen zu einem tiefer gelegenen Teil des Hofs. Die müsst ihr runter, danach ein Stück geradeaus, bis ihr rechts auf eine Tür stoßt. Sie ist unverschlossen. Dann links den Flur entlang, durch zwei weitere Türen hindurch, und dann führen Stiegen nach oben. Das Zimmer des Junkers liegt im ersten Stock. Ihr könnt es nicht verfehlen.“ Er hielt inne. „Danach kommt umgehend hierher zurück. Ihr findet mich im Wächterhaus."

Gleich darauf schritten die drei Jungen durch die steile Durchfahrt auf den Vorhof der Burg zu.

„Jetzt haben wir zwei Möglichkeiten", stellte Lukas leise fest. „Entweder wir liefern dem Junker sofort sein Papier, oder wir suchen erst nach den Geldfälschern und bringen es ihm danach."

„Ich bin es allmählich leid, das schwere Bündel mit mir herumzuschleppen", erwiderte Simon. „Ohne das Papier können wir uns freier bewegen."

„Einverstanden." Auch Konrad wollte das Papier loswerden. „Allerdings habe ich keine Ahnung, wo die Treppen sind, die zur Stube des Junkers führen. Die Richtungshinweise des Wächters waren viel zu verwirrend."

„Für diesen Fall habe ich vorgesorgt", meinte Simon grinsend. Er stellte sein Bündel auf dem Boden ab und zog ein zusammengefaltetes Blatt Papier aus seinem Beutel. „Das ist ein Plan der Burg. Ich habe ihn aus einem Buch meines Vaters abgezeichnet. Alles natürlich ganz heimlich und unauffällig ..."

Konrad blickte ihm über die Schulter. „Das hilft uns aber auch nicht weiter. Woher sollen wir denn wissen, um welche Treppen es sich handelt?"

„Ich weiß, welche es sind“, meinte Lukas. Er erinnerte sich noch an die Wegbeschreibung des Wachmanns. „Es sind diese hier.“

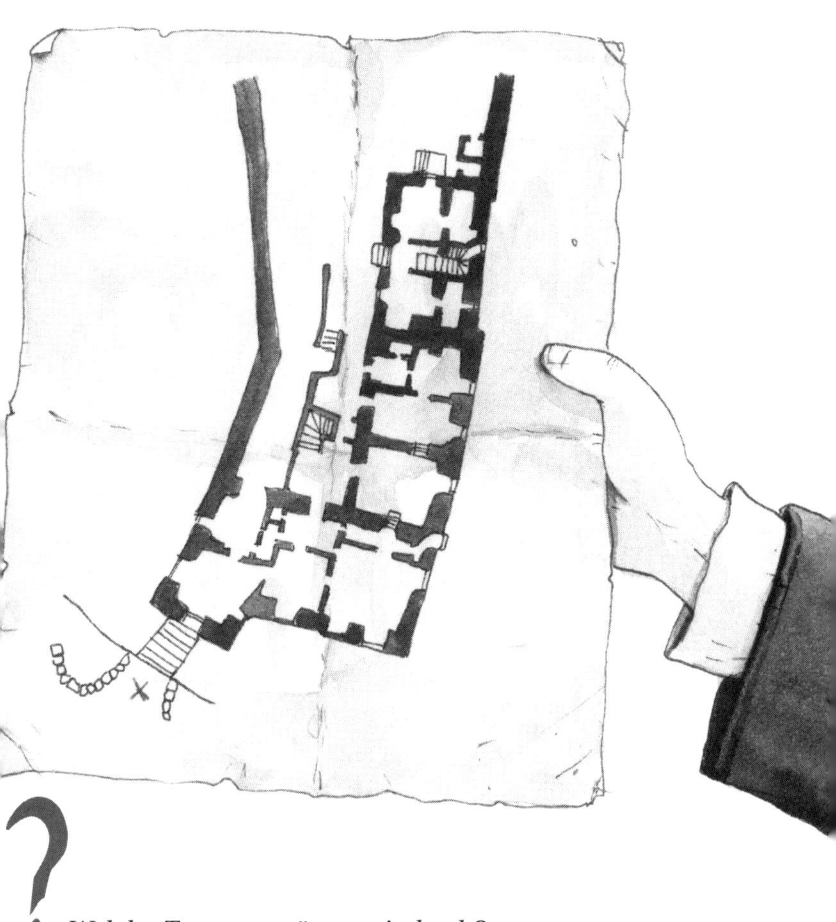

Welche Treppen müssen sie hoch?

Der Gefangene im Ritterhaus

Es dauerte nicht lange, bis die Jungen das richtige Treppenhaus gefunden hatten. Eine schmale Stiege führte in den ersten Stock. Oben angelangt, sahen sie gleich die unbewachte Tür am anderen Ende des Ganges. Simon klopfte an. Keine Antwort. Erst als er abermals gegen das Holz hämmerte, konnte man auf der anderen Seite ein ungeduldiges „Herein" hören. Da niemand die Tür öffnete, schob er sie vorsichtig auf.

Wohlige Wärme, die von dem Kachelofen in der Ecke ausstrahlte, empfing sie. Durch ein Fenster auf der linken Seite drang nur wenig Tageslicht, genug allerdings, um einen bärtigen Mann zu erkennen, der an einem Pult saß. Vor ihm türmten sich Berge von beschriebenen Blättern und aufgeschlagenen Büchern, in die er vertieft war.

„Gnädiger Herr", begann Simon, „wir haben eine Papierlieferung für Euch."

Doch der Mann sah nicht von seiner Arbeit auf. Stattdessen griff er nach einem Federkiel, tauchte ihn ins Tintenfass und begann etwas niederzuschreiben. Doch schon im nächsten Augenblick zerknüllte er das

Blatt zu einer Papierkugel, die er in hohem Bogen Richtung Tür warf. Die Jungen schafften es gerade noch, ihr auszuweichen, bevor sie neben zahlreichen anderen Papierbällen auf dem Boden landete.

„Jetzt arbeite ich schon seit drei Tagen an diesem Absatz“, schimpfte der Mann, „und habe seitdem nicht mal drei Zeilen geschafft. Wenn das so weitergeht, werde ich nie mit dieser Übersetzung fertig.“

Er fuhr mit seinem Finger den Buchtext entlang, dachte kurz nach, schrieb ein paar Worte, doch gleich darauf flog eine weitere Papierkugel durch den Raum, die an der Wandtäfelung abprallte und sich zu den anderen auf den Dielenbrettern gesellte.

„Gnädiger Herr ...“, fing Simon abermals an, diesmal etwas lauter. Ohne die Jungen zu beachten, begann der Mann, laut nachzudenken.

„Wer gut übersetzen will“, meinte er, „darf sich auf keinen Fall an den griechischen Text halten. Nein, vielmehr sollte man dabei der Mutter im Haus, den Kindern auf der Gasse und dem gewöhnlichen Mann auf dem Markt aufs Maul sehen. Nur so kann auch jeder verstehen, was man damit meint.“ Er raufte sich die Haare. „Aber wie soll ich das schaffen, ohne mich selbst unters Volk zu mischen? Hier auf der Burg, in dieser gottverlassenen Einöde, werde ich nie die richtigen Worte finden!“

„Gnädiger Herr!“ Simon wurde ungeduldig. „Wir haben Papier für Euch.“

Aber der Mann am Schreibtisch war so in Gedanken versunken, dass er die Kinder immer noch nicht wahrnahm. „Das ist es!“, rief er plötzlich, tauchte seinen Federkiel ins Tintenfass und begann zu schreiben. Einen Augenblick lang hörte man nur das Kratzen der Feder auf dem Papier.

„Nadelöhr“, meinte er schließlich zufrieden. „Das ist genau das richtige Wort. Da würde ein Kamel nie durchpassen.“

Simon blickte seine beiden Freunde schulterzuckend an, während Konrad sich mit dem Zeigefinger an die Stirn tippte. Der Mann war wohl nicht ganz richtig im Kopf. Sie stellten die Papierbündel auf dem Boden ab und zogen sich wortlos in den Gang zurück. Gerade noch rechtzeitig, bevor wieder ein Papiergeschoss durch die Kammer flog.

„Mit Falschgeld hat dieser Junker Jörg nichts am Hut“, stellte Simon fest, als die drei Jungen auf dem Burghof vor dem Ritterhaus standen. „Der ist total verrückt.“

Konrad nickte. „Wenigstens wissen wir jetzt, wozu er so viel Papier braucht. Er benutzt es als Wurfgeschoss.“

Lukas legte den Finger an die Lippen. „Hört ihr das auch?“ Die beiden Freunde blieben lauschend stehen.

„Das ist nur der Burgschmied“, erklärte Simon. „Hat der Torwächter nicht gesagt, dass das Lieblingspferd des Burghauptmanns gerade neu behuft wird?“

„Das schon“, entgegnete Lukas, „doch vielleicht hat er auch gelogen, und statt neue Hufeisen schlagen Herr von Berlepsch und sein Schmied neue Groschen."

„Du könntest recht haben", erwiderte Konrad. „Eine Burgschmiede würde sich hervorragend dazu eignen. Dort gibt es einen Schmelzofen, um das Metall für die Münzen zu schmelzen, und die passenden Werkzeuge, um sie zu prägen."

Aufgeregt folgten die Jungen dem Geräusch. Wenn Lukas' Theorie tatsächlich zutraf, dann wäre das genau der Beweis, nach dem sie suchten. Ein Stück weiter konnten sie links den Steinbau der Hofburg mit ihren spitzbogigen Fenstern sehen. Der düstere Südturm mit dem Burgverlies, der sich gleich dahinter erhob, ließ sie frösteln. Keiner hatte Konrads Schauergeschichte vom Angstloch vergessen. Als sie dann endlich die Wirtschaftsbauten mit den Ställen und der Schmiede erreicht hatten, hörte das stetige Hämmern abrupt auf. Aus dem Tor der Schmiede, das einen Spaltbreit offen stand, drangen Stimmen. Die drei Freunde schlichen näher, um zu lauschen, doch gerade als sie am Tor ankamen, wären sie um ein Haar mit einem großen, kräftigen Mann zusammengestoßen. Es war der Burghauptmann.

„Was sucht ihr hier?", fragte er die Jungen streng.

„Wir, äh, wir ...", stotterte Simon verlegen. „Wir

haben im Auftrag meines Vaters, dem Buchbindermeister Kolb, Papier geliefert."

„Und was wollt ihr in der Schmiede?"

Simon hatte nicht die geringste Ahnung, was er antworten sollte. Doch Lukas reagierte schnell.

„Wir haben uns verirrt", erklärte er, während er gleichzeitig versuchte, an Hans von Berlepsch vorbei in die Schmiede zu spähen. Doch das wurde ihm verwehrt – der Mann hatte bereits das Tor hinter sich zugezogen. Jetzt blickte er gereizt von einem Jungen zum anderen.

„Das Torhaus liegt dahinten." Er zeigte mit seinem Finger den Weg entlang, den sie gekommen waren.

„Man kann es deutlich sehen und unmöglich verfehlen." Ohne Zeit zu vergeuden führte er die Jungen den Weg zurück und wies den Wächter an, die kleine Pforte im Tor zu öffnen. Im nächsten Augenblick standen die drei wieder vor der Burg, und das Nadelöhr fiel hinter ihnen ins Schloss. Es blieb ihnen nichts anderes übrig, als sich enttäuscht auf den Heimweg zu machen.

„Wieso musste der Dummkopf von Burghauptmann auch gerade in diesem Augenblick aus der Schmiede kommen", schimpfte Lukas. Wütend trat er mit seinem Fuß gegen einen Stein, der klappernd den Hang hinabkullerte.

Simon nickte. „Ja, die Gelegenheit, ihn auszuspionieren, haben wir verpasst. Doch Junker Jörg braucht sicher bald wieder Papier", fügte er tröstend hinzu. „Dann können wir uns nochmals umsehen."

„Bis dahin hat der Mann bestimmt das ganze Beweismaterial aus dem Weg geschafft", erwiderte Lukas. „Außerdem ist es dann vermutlich sowieso zu spät, denn der Büttel wird nicht ewig warten, bis er jemanden verhaftet. Und mein Onkel zählt zu seinen Hauptverdächtigen." Schweigend marschierten sie weiter.

Es dauerte nicht lange, bis sie die Gassen der Stadt

erreicht hatten. Hier ging es trotz der späten Nachmittagsstunde immer noch geschäftig zu. Bauern, die für den Tag in die Stadt gekommen waren, um Gänse und Wintergemüse zu verkaufen, schoben ihre leeren Karren übers holprige Pflaster Richtung Stadtmauer. Sie wollten die Tore noch rechtzeitig erreichen, bevor diese für die Nacht geschlossen wurden. Daneben waren zahlreiche Stadtbewohner unterwegs, entweder um letzte Besorgungen zu machen, oder um von der Arbeit nach Hause zu eilen. Plötzlich blieb Lukas stehen.

„Würde gerne wissen, was sie dort zu schaffen hat?“, murmelte er.

Interessiert folgten Konrad und Simon seinem Blick. Gerade waren die Töpfer dabei, das Geschirr, das sie nicht verkauft hatten, in Lappen zu wickeln und vorsichtig wegzupacken. Am Tuchstand davor räumte ein Lehrling Stoffballen vom Verkaufstisch.

„Wen meinst du?“, fragte Konrad. Außer, dass jeder so schnell wie möglich dem eisigen Abend entfliehen wollte, um es sich zu Hause gemütlich zu machen und sich am Kachelofen aufzuwärmen, konnte er nichts Außergewöhnliches entdecken.

? *Was ist Lukas aufgefallen?*

Nächtlicher Ausflug

„Habe ich es dir nicht gleich gesagt? Trude ist höchst verdächtig.“ Jutta biss das Ende des Fadens mit den Zähnen ab und legte einen fertig gestopften Socken in den Korb neben sich.

Ohne seinen Mantel auszuziehen, war Lukas gleich die Treppen hochgestürmt, um seiner Cousine zu berichten, was er und seine beiden Freunde auf der Burg erlebt, und was sie anschließend in der Gasse auf dem Heimweg beobachtet hatten. Für das Mädchen, das alleine in der Wohnstube saß, einen Stapel löchriger Socken und Strümpfe neben sich, bot Lukas eine willkommene Ablenkung.

„Nachdem sie den Apotheker bezahlt hatte“, berichtete Lukas weiter, „trat sie auf die Straße hinaus, wo ein in Lumpen gekleidetes Mädchen schon auf sie wartete. Sobald sie ihr das Päckchen gegeben hatte, rannte die Kleine wortlos um die nächste Ecke.“

„Was wohl in dem Päckchen war?“ Jutta fädelte nachdenklich einen neuen Faden ein und stülpte den nächsten Socken über den Stopfpilz. „Vielleicht braucht man irgendwelche Bestandteile aus der Apotheke, um Münzen herzustellen.“

„Wohl kaum“, erwiderte Lukas, dem plötzlich heiß war. Er zog sich seine Mütze vom Kopf und schlüpfte aus dem dicken Wintermantel. Er konnte es immer noch nicht fassen, dass sie oben in der Burg so nahe am Ziel gewesen und trotzdem keinen Schritt weitergekommen waren.

Auch Jutta machte sich Sorgen. „Der Büttel war heute schon wieder hier“, erklärte sie. „Er sprach mit Vater und Meister Petzold.“

In Gedanken sah Lukas Onkel Mattheus bereits im Kerker bei Wasser und Brot.

Mit grimmigem Gesicht bohrte Jutta ihre Nadel in den Socken. „Ich hoffe nur, dass Erwin Köhler bei seinen Ermittlungen auch zur Burg hochgeht“, meinte sie. „Auf jeden Fall dürfen wir jetzt nicht aufgeben. Wir müssen so lange weiter nach den Verbrechern suchen, bis wir sie gefunden haben.“

Jutta hatte recht. Das war tatsächlich der einzige Weg, wenn sie den Onkel vor einer Verhaftung bewahren wollten. Wer weiß, vielleicht waren sie ja mit Trude doch auf der richtigen Spur.

„Wie bist du mit deinen Nachforschungen hier im Haus vorangekommen?“ Erst jetzt erinnerte er sich, dass Jutta die Köchin über die Magd ausfragen wollte.

„Angeblich schleicht sich Trude alle paar Tage heimlich aus dem Haus. Mitten in der Nacht, wenn alle schlafen.“ Jutta zog so heftig am Faden, dass er abriss. Ohne darauf zu achten, fuhr sie fort: „Anna vermutet, sie hat irgendwo in der Stadt einen Liebsten. Doch da irrt sie sich bestimmt. Ich glaube, Trude führt etwas im Schilde. Ihre nächtlichen Ausflüge haben sicher etwas mit dem Falschgeld zu tun. Vielleicht trifft sie sogar den Burgvogt und ...“

„Um genau herauszufinden, was sie macht“, unterbrach sie der Junge, „könnten wir Trude heute Nacht auflauern und sie verfolgen.“ Sein Trübsinn war plötzlich wie weggeblasen.

Jutta griff nach der Schere, schnitt sich ein neues Stück Faden ab und lutschte an dem ausgefransten Ende, bevor sie es durchs Nadelöhr fädelte. Dann grinste sie. „Es wird eine lange Nacht werden.“

Stunden später, als der Nachtwächter, der jede Nacht durch die Gassen Eisenachs zog, längst Mitternacht ausgerufen hatte, kauerten die beiden Kinder immer noch auf dem kühlen Steinboden in der Diele. Sie hatten sich dort verabredet, nachdem alle Hausbewohner zu Bett gegangen waren. In der Ecke neben dem riesigen Eichenschrank war es stockdunkel, und Lukas sehnte sich nach seinem warmen Federbett. In der Ferne schlug eine Turmuhr vier Mal. Wo nur blieb Trude? Hatte sie sich etwa entschlossen, heute Nacht doch nicht auszugehen? Lukas gähnte. Bald war es schon wieder Morgen, und Anna würde aufstehen, um die Öfen einzuheizen.

Dann plötzlich war ein leises Knarren zu hören. Gleich darauf huschte eine dunkle Gestalt von der Kammer neben der Küche quer durch die Diele. Erst nachdem sie die Haustür einen Spalt geöffnet hatte, konnten sie erkennen, dass es sich tatsächlich um Trude handelte. Sie stand einen Augenblick bewegungslos im fahlen Mondlicht. Unter ihrem linken Arm trug sie ein Bündel, in der rechten Hand ihre Holzpantinen, die sie jetzt leise auf die Schwelle stellte. Dann schlüpfte sie in die Schuhe, zog sich ihr Wolltuch dichter um die Schultern und ließ die Tür leise hinter sich ins Schloss schnappen.

„Los“, wisperte Jutta, „schnell hinterher.“

Ohne Zeit zu verlieren, schlüpften die Kinder lautlos durch die Tür. Die Magd hatte bereits das Ende der Gasse erreicht, wo sie Richtung Markt abbog. Der Mond warf einen silbrigen Glanz auf die Dächer und Straßen. Im Schutz der Hauswände, die einen Schatten warfen, eilten sie hinterher. In der Stadt war es gespenstisch. Außer dem Klappern von Trudes Holzpantinen war kein Geräusch zu hören. Niemand war unterwegs in dieser frostklirrenden Nacht – selbst den streunenden Hunden und Ratten war es zu kalt.

Wie gut, dass sich der wolkenverhangene Himmel des Vortages gelichtet hatte und sie Trude im Mondlicht gut verfolgen konnten. Lukas, der sich in Eisenach auskannte, merkte bald, dass die Frau auf das Armenviertel in der Nähe der Stadtmauer zusteuerte. Hier in diesem Stadtteil gab es keine prächtigen Fachwerkbauten, wie in den Gassen um den Marktplatz, sondern nur einfache Häuser, kein Pflaster, sondern nur Erdboden, der sich bei Regen in tiefen Schlamm verwandelte. Dicht an die Innenseite der Stadtmauer drängten sich mehrere baufällige Hütten. Die Magd schritt zielstrebig auf einen der Verschläge zu und war im nächsten Augenblick durch eine Tür verschwunden.

Schweigend näherten sich Lukas und Jutta dem einzigen Fenster der Behausung, das mit Brettern vernagelt war. Zwischen zwei Latten war eine Ritze, durch die man in den Raum blicken konnte.

„Wo ist Benno?“ Trudes Stimme war klar und deutlich zu hören. Im schummrigen Licht der Feuerstelle sah man in der Ecke ein Matratzenlager.

„Mutters Wolldecke“, wisperte Jutta. Sie hatte die alte Decke mit den schwarzen Streifen und den bunten Flicken gleich erkannt. Doch ihr Vetter presste den Zeigefinger auf die Lippen. Trude durfte sie auf keinen Fall hören.

„Jule!“, schimpfte die Magd. „Wo ist mein Bruder?“

Erst jetzt sahen sie das Mädchen, das mit müden Augen vor Trude stand. Es war die Kleine, die am Nachmittag vor der Apotheke auf die Magd gewartet hatte.

„Was ist passiert?“ Die Stimme der Magd zitterte. „Hat man ihn abgeholt?“ Doch das Mädchen stand weiterhin stumm da. Statt zu antworten, zupfte es nur an ihrem zerrissenen Rock. Verzweifelt packte Trude Jule an der Schulter und rüttelte sie heftig. „Gib mir wenigstens ein Zeichen, wenn du auch nicht sprechen kannst!“ Dann kam ihr plötzlich eine Idee. „Haben die Nonnen dich nicht schreiben gelehrt?“

Die Kleine nickte heftig.

Gleich darauf zündete Trude einen Kienspan an der Glut an und steckte ihn in einen Halter auf dem Tisch, der direkt am Fenster stand. Danach schob sie einen leeren Teller und einen Henkelkrug mit einer Armbewegung auf die Seite.

„Hier“, sagte sie. „Der Tisch kann deine Tafel sein.“ Sie reichte dem Mädchen ein Stück Holzkohle aus der Feuerstelle. „Schreib auf, was mit Benno passiert ist.“

Nachdenklich runzelte die Kleine die Stirn. Dann, mit der Zungenspitze zwischen ihren Lippen, begann sie plötzlich mit der linken Hand große Buchstaben auf den Tisch zu malen. Als sie damit fertig war, blickte sie Trude stolz an.

„Kannst du das lesen?“, fragte Jutta leise. Obwohl ihre Mutter ihr Grundkenntnisse im Lesen und Schreiben beigebracht hatte, ergab der Text für sie keinen Sinn. Die Buchstaben auf dem Tisch drehten sich in ihrem Kopf, und es wurde ihr mit einem Mal ganz schwindlig. Selbst Lukas brauchte eine Weile, bis er die Worte entziffert hatte.

?

Was steht auf dem Tisch?

Der entlaufene Mönch

„Da kommt jemand“, flüsterte Jutta kaum hörbar. Tatsächlich ließen sich von ferne Schritte vernehmen, die stetig näher kamen. Die beiden schlüpften, so schnell sie konnten, in den schmalen Spalt zwischen Hütte und dem Nachbarbau. Jutta hielt sich die Hand vor die Nase. Woher kam dieser ekelhafte Gestank? Im nächsten Augenblick huschte ein dunkler Schatten so dicht an ihr vorbei, dass er sie fast berührte. Um ein Haar hätte sie laut aufgeschrien, doch gerade noch rechtzeitig erkannte sie, dass es sich nur um eine Ratte handelte. Als ob auch er das Tier gehört hätte, blieb der Mann, der inzwischen die Gasse entlanggekommen war, stehen. Im hellen Mondschein konnte man deutlich sein hageres Gesicht erkennen, unrasiert und mit dunklen Ringen unter den Augen. Trotz der eisigen Temperaturen hatten sich auf seiner Stirn Schweißperlen gebildet, die er jetzt mit dem Handrücken abwischte. Er schnaufte vor Anstrengung. Obwohl er nur wenige Schritte von ihnen entfernt stand, nahm er die Kinder im Schatten der Mauer nicht wahr. Nachdem er sich wieder gesammelt hatte, trat er mühsam über die Schwelle.

„Benno“, drang Trudes erleichterte Stimme auf die Gasse hinaus. „Hast du mir einen Schrecken eingejagt! Was fällt dir ein, mitten in der Nacht bei dieser Eiseskälte spazieren zu gehen? Bei deinem Zustand!“ Nachdem die Tür hinter dem Mann ins Schloss gefallen war, hörte man zwar noch ihre Stimme, doch konnte man sie nicht mehr verstehen. Wortlos packte Lukas seine Cousine am Ärmel und zog sie zurück zum Fenster. Er wollte unbedingt wissen, worüber sich die beiden unterhielten. Eine halb verfallene Hütte an der Stadtmauer wäre bestimmt kein schlechtes Versteck für einen Geldfälscher.

Durch den Spalt sahen die Kinder, wie Trude auf den Mann zuging, ihn um den Leib fasste und zum Matratzenlager führte. „Bist du von allen guten Geistern verlassen?“, fuhr sie fort zu schimpfen. „Du bist noch viel zu schwach. Wenn du nicht aufpasst, kommt das Fieber zurück." Vorsichtig half sie ihm aus dem von Motten zerfressenen Mantel, der viel zu groß war. „Außerdem ist es viel zu riskant. Was, wenn dich jemand sieht?"

„Deswegen bin ich ja mitten in der Nacht weg", rechtfertigte sich der Mann mit schwacher Stimme. Er rieb sich die Schläfen. „Seit Tagen bin ich nicht mehr aus diesem Loch herausgekommen. Ich musste einfach mal wieder frische Luft schnappen."

„Hast du vergessen, dass du aus dem Kloster entlaufen bist? Niemand darf dich erkennen! Der Kurfürst hat sich erst kürzlich gegen die Auflösung der Klöster im Land ausgesprochen."

„Doktor Luther ist anderer Meinung", argumentierte Benno matt. „Er hat in einer seiner Schriften das Klosterleben kritisiert. Er meint, dass es gegen den christlichen Glauben verstößt. Deswegen sei es durchaus gerechtfertigt, wenn Mönche und Nonnen aus den Klöstern austreten."

„Du und dein Doktor Luther!", seufzte Trude. „Und was hat dieser Herr Doktor davon, dass er ständig die Kirche angreift? Seit ihn der Kaiser letztes Jahr geächtet hat, ist er spurlos verschwunden. Vermutlich ist er sogar längst tot. Ermordet von den Anhängern des Kaisers. Willst du etwa, dass dich das gleiche Schicksal ereilt?“ Alarmiert sah sie auf. Die Flammen in der Feuerstelle zischten laut, Funken stoben. Doch die stumme Jule hatte nur neues Holz nachgelegt. „Auf jeden Fall sollte sich ein ehemaliger Mönch nicht auf der Straße zeigen“, fuhr die Magd fort, „genauso wie ein kranker Mann das Bett hüten sollte.“

Benno war zu erschöpft, um auf den Redeschwall zu antworten. „Mir ist so heiß“, antwortete er nur leise, während er sich auf der Matratze ausstreckte.

Trude legte ihre Hand auf seine Stirn. „Bring mir bitte kaltes Wasser“, wies sie das Mädchen an. „Er ist schon wieder glühend heiß.“ Als die Kleine ihr einen Augenblick später eine Schale reichte, begann die Magd, sein Gesicht mit einem feuchten Lappen abzutupfen. Benno schloss die Augen.

„Bevor du einschläfst, muss ich dich unbedingt noch etwas fragen“, wechselte Trude das Thema. „Ich würde gerne wissen, woher der Groschen stammt, den du mir vor ein paar Tagen gegeben hast, um dir Lebensmittel zu besorgen.“

„Der Groschen?“ Benno hob die schweren Lider und blickte seine Schwester verwundert an. „Wieso?“

„Weil er falsch war. Ich habe damit die Bäckersfrau bezahlt, und sie hat mich gleich beim Büttel angezeigt.“

„Auf Geldfälschung steht Todesstrafe.“ Benno richtete sich erschrocken auf.

„Ich weiß, allerdings hatte ich noch mal Glück. Der Büttel hat mich nicht verhaftet. Er dachte, der Groschen stammte aus Herrn Falks Kasse, denn dort sind am Vortag auch falsche Groschen aufgetaucht.“

Benno rieb sich die Nasenspitze und schaute seine Schwester aus den Augenwinkeln an. „Ich habe den Groschen beim Würfelspiel gewonnen“, gestand er verlegen.

„Beim Würfelspiel?“ Trude sah in ungläubig an. „Nicht zu fassen! Erst läuft mein Bruder aus dem Kloster fort, und dann würfelt er um Geld. Wenn da nicht der Teufel dahintersteckt!“

Der Mann zuckte mit den Achseln. „Ich brauchte Geld. Wenigstens ist es besser, als jemanden auszurauben.“

„Und mit wem hast du gespielt?“ Trude wollte es ganz genau wissen.

Benno schien seine Augen nur noch mit Mühe offenhalten zu können. „Mit dem Wirt im Wirtshaus vor dem Tor", murmelte er. Er streckte sich laut gähnend.

„Vor welchem Tor?"

„Dem Stadttor, dessen Name den Buchstaben T enthält", hauchte er völlig ermattet, zwischen jedem Wort eine lange Pause. „Aber auch ein E, ein R ein N, ein A und ein L."

„Nicht schon wieder ein Rätsel", seufzte Trude. „Dazu habe ich heute keine Geduld." Doch es war zu spät. Der Mann war vor Erschöpfung eingeschlafen.

„Das hat mein Bruder schon als kleiner Junge gemacht“, erklärte Trude dem stummen Mädchen. „Er sprach schon damals immer in Rätseln.“ Sie deckte Benno mit Gisela Falks Decke zu und strich ihm eine Haarsträhne aus der Stirn.

„Pass gut auf ihn auf“, wies sie Jule an. „Wenn er aufwacht, gib ihm warme Brühe und seine Medizin. Und lass ihn auf keinen Fall wieder ausgehen. Er ist noch zu schwach dazu.“ Sie zog sich ihr Schultertuch über den Kopf und ging auf die Tür zu. „Ich versuche, morgen Nacht wiederzukommen.“ Sie öffnete die Tür.

Ohne Zeit zu verlieren, hasteten die Kinder schnell in ihr altes Versteck, neben dem stinkenden Abfallhaufen. Dort warteten sie, bis das Klappern von Trudes Holzpantinen in der Ferne verklang.

„Diesen nächtlichen Ausflug hätten wir uns sparen können“, meinte Jutta enttäuscht, als die Kinder gleich anschließend nach Hause eilten. „Zwar wissen wir jetzt, wo Mutters Wolldecke und der alte Mantel abgeblieben sind, doch mit dem Falschgeld hat die Magd nichts zu tun.“ Sie rieb sich die Hände, die trotz der Fäustlinge kalt geworden waren. „Auch der Besuch in der Apotheke hat sich geklärt. Offenbar hat sie dort nur Medizin für ihren Bruder besorgt.“

„Stimmt“, meinte Lukas nachdenklich. „Allerdings sollten wir uns dieses Wirtshaus vor dem Tor genauer anschauen. Glücksspiel und Falschgeld – das passt doch vorzüglich zusammen.“

„Reine Zeitverschwendung“, meinte Jutta. „Die falschen Münzen sind dort sicher nur zufällig aufgetaucht, wie überall sonst in der Stadt. Auf der Suche nach den Geldfälschern würde uns das nicht weiterführen.“ Jutta hatte jegliche Lust verloren. Sie war müde und konnte vor lauter Kälte kaum noch ihre Zehen spüren. „Wir wissen ja nicht einmal, um welches Wirtshaus es sich handelt, da vor jedem der Stadttore eines steht.“

Doch Lukas blieb stur. Er wollte herausfinden, von welchem Tor Benno gesprochen hatte. „Predigertor, Georgentor, Frauentor, Nadeltor, Nikolaitor“, zählte er nachdenklich die Eisenacher Stadttore auf. „In allen Namen ist ein T enthalten, doch das Nikolaitor können wir von vornherein ausschließen, denn da ist kein E drin. Was die anderen Tore betrifft ...“ Es dauerte nicht lange, und er hatte das Rätsel gelöst.

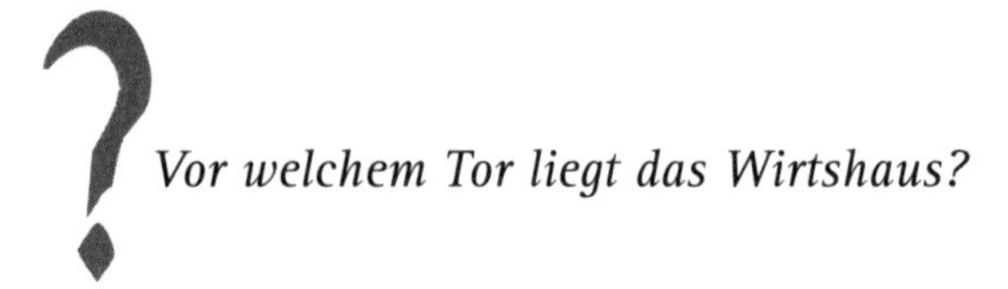

Vor welchem Tor liegt das Wirtshaus?

Neue Spuren

„Und hat bei den Falks niemand bemerkt, dass ihr heimlich aus dem Haus seid?", fragte Simon am nächsten Morgen, als Lukas den beiden Freunden sein nächtliches Abenteuer schilderte. Der Lehrer würde jeden Augenblick das Klassenzimmer betreten, und er musste sich beeilen.

„Alle haben tief und fest geschlafen", berichtete er, „es war einfach, unbemerkt in unsere Kammern zu schleichen. Beim Frühstück wäre ich allerdings fast eingeschlafen." Er gähnte, doch gleich darauf klappte er seinen Mund rasch wieder zu. Magister Hilbrecht war eingetroffen, und der konnte schlaftrunkene Schüler nicht ausstehen. Gemeinsam mit den Klassenkameraden stand Lukas auf, um den Lehrer zu begrüßen.

Nach dem Morgengebet fing die Lateinstunde an. Heute mussten die Schüler einen lateinischen Text übersetzen, immer der Reihe nach, jeder einen Satz. Da sich Lukas bereits im Voraus ausrechnen konnte, bei welcher Zeile er dran war, konnte er die Zeit bis dahin nutzen, um nachzudenken. Nicht über Latein, sondern darüber, was er und seine Freunde als

Nächstes unternehmen sollten, um die Geldfälscher zu stellen. Doch das Einzige, was ihm immer wieder in den Sinn kam, war sein warmes Federbett. Nach dem Lateinunterricht stand Rechnen, danach Gesang auf dem Stundenplan. Obwohl Lukas gewöhnlich gerne sang, war er heute nicht bei der Sache. Mitten in der Choralzeile kam ihm ein Gedanke. Nadelöhr? Hatte der Gefangene auf der Burg nicht von einem Nadelöhr gesprochen? Nadelöhr ... Nadeltor. Was, wenn sie sich verhört und der Mann gar nicht von einem Nadel*öhr*, sondern vom Nadel*tor* gesprochen hatte? Vermutlich meinte er damit sogar nicht einmal das eigentliche Tor, sondern das Wirtshaus davor. Wurde das sowieso nicht von allen schlicht „Nadeltor“ genannt? Plötzlich war Lukas hellwach. Das war der Beweis: Zwischen der Burg und dem Wirtshaus bestand eine Verbindung, und die falschen Münzen, die der entlaufene Mönch beim Glücksspiel gewonnen hatte, waren dort nicht zufällig aufgetaucht. Sie mussten dieser Spur unbedingt nachgehen.

Wie dumm nur, dass die Schule heute überhaupt kein Ende zu nehmen schien. Es dauerte eine Ewigkeit, bis Magister Hilbrecht sein Gesangbuch schloss und die lang ersehnte Glocke läutete. Endlich würde Lukas seinen Freunden von dem neuen Plan berichten können. Doch er kam nicht dazu, denn sobald seine Klassenkameraden die Stufen des Schulhauses hinabgestürmt waren, brach fröhliches Chaos aus. Die Sonne, die am Morgen noch versucht hatte, die Wolken zu durchdringen, war inzwischen ganz verschwunden, und es hatte angefangen zu schneien. Nun lag genug Schnee für eine Schneeballschlacht!

Gerade als die Schlacht in vollem Gange war, entdeckte Lukas Jutta, die sich einen Weg durch die Jungenschar bahnte.

„Weiß Tante Gisela, dass du hier bist?“ Besorgt blickte er seine Cousine an. Er wusste sofort, dass irgendetwas passiert war, denn ihre Mutter würde Jutta nie alleine aus dem Haus lassen. „Haben sie Onkel Mattheus verhaftet?“

Das Mädchen, das aussah, als würde es jeden Augenblick losheulen, schüttelte den Kopf. „Noch nicht, aber Erwin Köhler war schon wieder im Haus. Er hat den ganzen Vormittag Vaters Kontor durchsucht.“ Im nächsten Augenblick traf ein Schneeball sie am Rücken. „Trottel!“, schimpfte sie nur, dann wandte sie sich wieder an ihren Vetter. „Gibt es hier irgendwo einen Ort, wo wir ungestört reden können?“

Lukas überlegte. „In der Kirche.“ Der turmlose Bau der Georgenkirche war nicht weit.

„Onkel Mattheus hat nichts zu verbergen“, beruhigte er Jutta, als sie quer über den Platz Richtung Kirche eilten. „Ihm wird bestimmt nichts geschehen.“

„Hast du vergessen, dass bereits der Besitz von Münzen strafbar ist?“, entgegnete das Mädchen. „Anna meint, es sei schlecht um ihn bestellt.“

„So ein Unsinn. Die Köchin weiß nicht, wovon sie spricht.“

„Trotzdem sollten wir ...“ Jutta kam nicht dazu, ihren Satz zu beenden.

„Mein Vater hat gestern Abend auch einen falschen Groschen gefunden“, mischte sich Konrad ein. Der Schneeballschlacht überdrüssig, waren er und Simon den beiden gefolgt. „Anfangs wollte er es dem Büttel nicht melden. Er wusste nicht, woher die Münze kam, und wollte nicht riskieren, wegen Besitz von Falschgeld verurteilt zu werden.“ Schwungvoll öffnete er die Kirchentür. „Dann hat er sich doch anders entschieden und hat es ihm mitgeteilt. Erwin Köhler wird Vaters Werkstatt jetzt sicher auch von oben bis unten durchkämmen.“ Er senkte seine Stimme zu einem leisen Flüstern. „Eine äußerst brenzlige Situation, denn als Goldschmied besitzt mein Vater genau die Werkzeuge, die man benötigt, um Münzen zu prägen.“

Jutta wollte etwas sagen, doch Konrad war noch nicht fertig. „Wir müssen auf alle Fälle nochmals zur Burg hoch, um nach handfesten Beweisen zu suchen. Sonst landen unsere Väter unschuldig im Gefängnis.“

„Die nächste Papierlieferung steht erst übermorgen an", überlegte Simon, „Bis dahin ist es vielleicht schon zu spät. Wir sollten gleich zum Büttel gehen, um unseren Verdacht zu melden."

„Das würde nichts bringen", entgegnete Lukas, „vermutlich hat der Burgvogt ohnehin längst alle Spuren verwischt. Aber ich habe eine viel bessere Idee." Er hockte sich auf eine Kirchenbank und gab den anderen ein Zeichen, sich neben ihn zu setzen.

„Wir müssen zum Wirtshaus vor dem Nadeltor", flüsterte er geheimnisvoll und erklärte den Freunden seine Theorie vom Nadelöhr.

„Kein schlechter Plan", meinte Simon anerkennend. „Nadelöhr und Nadeltor – das klingt zum Verwechseln ähnlich. Wir könnten jetzt gleich dorthin und uns im Wirtshaus umsehen. Oder habt ihr etwas anderes vor?"

„Hervorragende Idee!" Konrad war ebenso begeistert. „Möglicherweise handelt es sich bei dem Lokal sogar um einen Umschlagplatz, zu dem der Burghauptmann die fertigen Groschen bringt", spekulierte er. „Mit etwas Glück treffen wir den Mann dort an. Dann könnten wir ihn uns schnappen."

„Darf ich auch mal was sagen?" Jutta verschränkte die Arme.

„Ruhe!“ Eine alte Frau, die mehrere Reihen vor ihnen kniete, drehte sich vorwurfsvoll zu den Kindern um. „Dies ist ein heiliger Ort, kein Marktplatz.“ Kopfschüttelnd bekreuzigte sie sich und fuhr fort zu beten.

Jutta beugte sich vor. „Meister Petzold“, flüsterte sie, „ist in den Fall verwickelt. Er steckt mit dem Burghauptmann unter einer Decke.“

„Meister Petzold?“ Lukas blickte die Cousine verdutzt an. „Wie kommst du denn da drauf? Wenn der Mann tatsächlich etwas mit den Geldfälschern zu schaffen hätte, wäre er doch nicht gleich zu Onkel Mattheus gerannt, um ihm von dem Falschgeld in der Kasse zu unterrichten. Damit würde er sich doch nur selber schaden.“

„Ich weiß“, gab Jutta zu. „Mir kommt das ja auch merkwürdig vor. Doch zwischen den beiden Männern besteht tatsächlich eine Verbindung. Ich habe eindeutige Beweise." Sie fingerte an dem Verschluss eines kleinen Beutels herum, der an ihrem Rockbund hing. Es dauerte eine Weile, bis sie es mit ihren vor Kälte steifen Händen schaffte, den Beutel zu öffnen. Sie nahm daraus mehrere Papierschnipsel, die sie zwischen sich und den Jungen auf der Kirchenbank ausbreitete.

„Die habe ich auf dem Boden des Kontors gefunden", erklärte sie. „Jemand hat sie weggeworfen. Zwar kann ich nicht besonders gut lesen, doch hier stehen die Worte ‚Burg', ‚Meister Petzold', ‚Berlepsch' und ‚Groschen'."

Die Jungen musterten die Schnipsel wortlos. Das Mädchen hatte recht. Obwohl sie leicht verwischt waren, konnte man die vier Worte erahnen.

„Hast du versucht, den ganzen Text zu entziffern?", fragte Konrad schließlich.

„Dazu bin ich nicht gut genug", gestand Jutta. „Ihr müsst mir dabei helfen."

„Kein Problem." Konrad fing an, die Schnipsel auf der Kirchenbank hin und her zu schieben.

„Falschmeldung", stellte er kurz darauf fest. „Zwar stammt diese Nachricht von der Burg, doch sie hat absolut nichts mit dem Falschgeld zu tun."

Was steht auf dem Zettel?

Das Wirtshaus vor dem Tor

Das Wirtshaus vor dem Nadeltor stand ein Stück vom Stadttor entfernt auf der Landstraße nach Wittenberg. Die Schneeflocken wirbelten inzwischen so dicht, dass man den Bau neben der Brücke nur schemenhaft erkennen konnte.

„Hier treibt sich sicher alles mögliche Gesindel herum.“ Jutta zupfte nervös an den Bändern ihrer Haube. „Es könnte gefährlich werden.“

„Wenn du Angst hast, dann gehst du besser nach Hause“, entgegnete Lukas, obwohl er sich selbst auch fürchtete.

Doch das ließ sich Jutta nicht zweimal sagen. Tapfer kreuzte sie die Arme vor der Brust, holte tief Atem und stapfte kurz entschlossen auf das Gebäude zu.

„Warte.“ Simon packte sie am Ärmel. „Wir müssen uns erst einen Plan zurechtlegen. Die wundern sich sicher, was wir vier in einem Wirtshaus zu suchen haben.“

„Wir könnten nach unserem Vater suchen“, überlegte Jutta.

Doch Simon hatte eine bessere Idee. „Wir singen einfach“, meinte er. „Es ist nichts Ungewöhnliches, dass Schüler von Tor zu Tor ziehen, um Lieder vorzutragen."

Kurz darauf hatten sie den Eingang erreicht.

„Heute geschlossen", stellte Konrad fest, der als Erster das Schild entdeckt hatte, das an der Klinke hing. Trotzdem drückte er dagegen, und wider Erwarten schwang die Tür auf.

Zögernd traten die Kinder in den dunklen Gang. Ein schmaler Durchgang führte gleich links in die leere Wirtsstube, wo im Kamin ein Feuer flackerte. Aus einer offenen Tür hinter dem Tresen erklang Stimmengemurmel, das immer hitziger wurde, bis man schließlich jedes Wort verstehen konnte.

„Typisch Weibsbild!", brüllte ein Mann. „Konntest

dich mal wieder nicht beherrschen, und jetzt sind wir wegen dir gezwungen, die Herstellung in Eisenach einzustellen."

„Ich habe mir doch nur ein neues Kleid machen lassen", verteidigte sich eine schrille Frauenstimme.

„Ach, ja? Wenn es nur bei neuen Klamotten geblieben wäre. Aber nein, meine liebe Gemahlin musste sich unbedingt auch neue Schuhe, Ohrringe und eine sündhaft teure Brosche kaufen. Meinst du nicht, dass es in der Stadt auffällt, wenn die Wirtin vom Nadeltor plötzlich wie eine feine Dame herumläuft?"

Die Kinder zogen sich sicherheitshalber in den Gang zurück, gerade noch rechtzeitig, denn im nächsten Augenblick kam eine Frau durch die Tür hinter dem Tresen in die Wirtsstube gestürmt. Ihre pausbäckigen Wangen glühten im Feuerschein.

„Du gönnst mir sowieso nie was", beschwerte sie sich, ihre Arme in die Seite gestemmt.

Der breitschultrige Mann, der hinter der kleinen, dicken Frau auftauchte, hob seine Hand, als ob er sie schlagen wollte. Dann schien er es sich doch anders zu überlegen und griff stattdessen nach einem Krug, der auf dem Tresen stand, und nahm einen großen Schluck.

„Wir hätten Rosa nie in die Sache einweihen sollen." Ein weiterer Mann war hinter den Wirtsleuten in die Schankstube getreten. „Weibern kann man nicht trauen. Wegen ihr schnüffelt der Büttel bereits in der ganzen Stadt herum, und es wird nicht mehr lange dauern, bis er hierherkommt."

„Ich weiß gar nicht, warum ihr euch wegen ein paar Münzen so aufregt", erwiderte die Frau. „Geld wandert von Hand zu Hand. Der Büttel könnte nie nachweisen, dass die Groschen von uns stammen." Sie strich sich eine Haarsträhne aus dem Gesicht. „Solange wir hier im Wirtshaus kein Falschgeld aufbewahren, kann er uns nichts anhaben. Zudem ist unser Versteck absolut sicher. Niemand würde auf die Idee kommen, zur alten Mühle zu gehen. Seit dem Feuer traut sich dort kein Mensch mehr hin."

„Der Büttel wird sich wohl kaum vor Geistern fürchten“, meinte der Wirt. „Nein, es ist zu riskant. Wir müssen das Geld aus Eisenach wegschaffen. Hannes“, wandte er sich an den anderen Mann. „Berichte ihr von deinem Plan.“

„Wir werden das Geld in leeren Sauerkrautfässern verstecken und nach Wittenberg bringen“, erklärte er, während er sich die Bartstoppeln am Kinn rieb. „Albert ist schon beim Packen. Es kann noch heute Abend losgehen.“

„Wieso Wittenberg?“, fragte die Wirtin.

„Niemand kennt uns dort, außerdem lässt sich das Geld dort ohne großes Risiko in Umlauf bringen. Angeblich ist die ganze Stadt in Aufruhr. Mönche sind aus dem Kloster durchgebrannt, und Studenten randalieren gegen die Kirche. Bei diesem Chaos achten Leute nicht auf falsche Münzen. Und wir können uns anschließend unbemerkt aus dem Staub machen.“

„Ich komme mit“, verkündete die Wirtin. „Ihr braucht ja jemanden, der euch hilft, die Münzen loszuwerden.“ Sie lächelte verschmitzt. „Und in Wittenberg gibt es sicher gute Läden. Ich gehe nur schnell ein paar Sachen packen.“

Ehe sich die Kinder, die dem Gespräch vom Gang aus gelauscht hatten, versahen, stand die mollige Frau vor ihnen.

„Das Wirtshaus ist heute geschlossen“, erklärte sie streng. „Habt ihr das Schild nicht gesehen?“

„Entschuldigung“, log Lukas, „wir können nicht lesen.“ Und auf ein Zeichen hin begannen die Jungen laut zu singen.

„Auch das noch“, stöhnte der Wirt, der seiner Frau in den Gang gefolgt war, um zu sehen, was dort los war. Er musterte die Jungen grimmig – das Mädchen, das gerade in diesem Augenblick auf die Straße hinausschlüpfte, sah er nicht.

„Schweigt!“, brüllte er. „Von diesem Gekrächze bekomme ich nur Kopfweh.“ Die Jungen verstummten. „Verschwindet!“

„Moment mal“, mischte sich der andere Mann hinter ihm ein. „Bevor wir sicher sind, dass die Jungen uns nicht belauscht haben, können wir sie auf keinen Fall gehen lassen." Er wandte sich an die drei. „Seit wann steht ihr hier herum?"

„Wir sind gerade erst durch die Tür gekommen", erklärte Simon schnell.

Der Mann blickte ihn misstrauisch an. Dann sagte er: „Wir dürfen kein Wagnis eingehen. Lasst sie uns beiseiteschaffen, bis wir in Sicherheit sind. Danach sehen wir weiter."

„Bis man uns hier entdeckt, sind die mit ihrem Falschgeld längst über alle Berge", meinte Lukas wenig später entmutigt. Sosehr er es auch versuchte – er schaffte es nicht, das Seil, mit dem seine Hand- und Fußgelenke gefesselt waren, zu lösen.

Der Wirt hatte sich entschlossen, die Jungen einzusperren. Zumindest so lange, bis er und seine Komplizen alle Beweise aus dem Weg geschafft hatten. Jetzt hockten die drei auf den Holzdielen einer kargen Kammer und sahen sich ratlos um. Das einzige Möbelstück, ein hölzernes Bettgestell, würde ihnen wohl kaum zur Flucht verhelfen können.

„Jutta ist unsere Rettung", meinte Simon hoffnungsvoll. „Es sei denn, sie haben sie auch noch erwischt."

Konrad antwortete nicht, stattdessen starrte er wie gebannt auf die Türklinke. „Hier spukt es“, stellte er schließlich fest.

„Unsinn“, wies ihn sein Freund zurecht. „Da ist nur jemand vor der Tür.“ Gleich darauf hörten sie Juttas Stimme.

„Die Verbrecher sind weg“, flüsterte sie durchs Schlüsselloch. „Sie sind zur alten Mühle an der Nesse.“

„Wir müssen sofort hinterher“, erklärte Simon. „Bevor sie alle Spuren verwischt haben.“

„Und wie stellst du dir das vor?“, fragte Lukas. „Sollen wir etwa durchs Schlüsselloch kriechen?“

„Natürlich nicht.“ Mit einer leichten Kopfbewegung deutete er Richtung Tür. „Jutta kann uns befreien.“ Auf der anderen Seite der Tür wurde es still. „Jutta?“ Keine Antwort. Erst nach einer Weile hörten sie wieder ihre Stimme.

„Ich kann den Schlüssel nicht finden.“ Sie rüttelte an der Tür. „Vermutlich haben sie ihn mitgenommen.“ Gleich darauf konnte man ihr Auge durchs Schlüsselloch sehen.

„Ist das Fenster von innen verriegelt?“, fragte sie.

„Ja.“ Lukas blickte zum Fenster hoch, vor dem es immer noch heftig schneite.

„Gut“, erwiderte das Mädchen zufrieden. „Dann müsst ihr es nur öffnen, um ins Freie zu klettern.“

Lukas zerrte wütend an seinen Fesseln. „Selbst wenn es sperrangelweit offen stünde, würde uns das nichts nützen.“

„Ich kann eure Handgelenke sehen“, antwortete Jutta nur. „Schaut sie euch mal genauer an: Mit einem der Knoten stimmt etwas nicht. Ihr könnt euch selbst befreien.“

Was ist Jutta aufgefallen?

Die Geistermühle

„Und was machen wir nun?“ Die vier standen im dichten Schneegestöber vor dem Wirtshaus.

„Während wir zur Mühle gehen, holt Jutta den Büttel und seine Männer“, überlegte Lukas. „Die Verbrecher dürfen uns auf keinen Fall entwischen.“

„Zur Geistermühle?“ Konrad schauderte. Zwar erzählte er gerne Spukgeschichten, doch die abgebrannte Mühle war selbst ihm nicht ganz geheuer. Der Müller war bei der Feuersbrunst umgekommen, und jedes Kind in Eisenach wusste, dass er seit dem tragischen Unfall dort herumgeisterte. Doch sie hatten keine andere Wahl. Wagemutig zogen sie los.

Der Weg zur Mühle war nicht weit, nur ein kurzes Stück die Nesse entlang. Umringt von kahlen Büschen und Bäumen lag die Ruine neben dem Fluss. Die halb verfallenen Außenwände standen noch, und man konnte erkennen, dass jemand das Dach notdürftig ausgebessert hatte. Das alte Mühlrad, das den Brand überlebt hatte, war mit unzähligen Eiszapfen übersät. Obwohl der Bau unter der Schneehaube einen idyllischen Anblick bot, rann den Jungen ein kalter Schauer über den Rücken.

„Die sind schon fertig zur Abreise“, stellte Lukas bestürzt fest, als sie im Schutz eines dürren Haselstrauchs versuchten, die Lage zu erfassen. Auf dem Platz vor der Ruine stand ein mit Holzfässern beladener Wagen, die beiden Gäule waren bereits angespannt. Was, wenn die Geldfälscher sich auf den Weg machten, bevor der Büttel und seine Männer hier eintrafen? Die drei Jungen würden es nie alleine schaffen, sie aufzuhalten. Ratlos sah sich Lukas um.

„Ich habe eine Idee“, verkündete Simon. Kühn schritt er auf den Wagen zu.

„Komm sofort zurück“, flüsterte Konrad aufgeregt.

„Die Verbrecher können jeden Augenblick aus der Mühle kommen."

Doch Simon wusste, was er tat. Er sprach leise auf die Pferde ein, während er sich an der Deichsel des Karrens zu schaffen machte.

„Was tut er denn nur?" Konrad begriff immer noch nicht. Dann plötzlich ging ihm ein Licht auf: Simon hatte die Pferde, die weiterhin geduldig vor dem Karren warteten, ausgespannt. Breit grinsend kehrte er zu den anderen zurück.

„Das wird ihre Flucht erschweren", meinte er. „Außerdem gibt es uns Zeit herumzuschnüffeln." Er deutete zur Mühle, wo zwischen den Überresten der Mauer eine Lücke klaffte, aus der schwaches Licht schimmerte.

Gleich darauf drängten sich die Jungen um das Loch. Sie konnten den ehemaligen Mahlraum sehen, wo verkohlte Balken nach dem Einsturz des Daches kreuz und quer auf dem Boden gelandet waren. Neben dem Mühlstein erkannten sie Rosa und Hannes im flackernden Licht einer Öllampe. Nur der Wirt und der ihnen unbekannte Albert waren nirgendwo zu sehen.

„Auf die Prägestempel müssen wir besonders gut aufpassen", erklärte Hannes gerade. „Die können auf den holprigen Straßen leicht beschädigt werden." Er reichte der Wirtin einen Lappen. Rosa wickelte damit einen länglichen Gegenstand ein, den sie sorgfältig in ein offenes Fass legte.

„Was ist mit dem Hammer?"

Die Jungen fanden nie heraus, was Rosa mit dem Hammer tun sollte, denn eine kräftige Hand packte Lukas an der Schulter.

„Wen haben wir denn da?“ Der Wirt stand vor ihnen und starrte sie mit funkelnden Augen wütend an.

„Schnapp sie dir, Albert“, befahl er dem Mann, der neben ihm stand. Er selbst packte Lukas’ Arm und verdrehte diesen schmerzhaft.

Obwohl sie sich hartnäckig mit Füßen und Fäusten wehrten, hatten die Jungen gegen die beiden erwachsenen Männer nicht die geringste Chance. Mühelos schleppten sie die drei in den Mahlraum.

„Rosa“, fuhr der Wirt seine Frau an. „Wie konntest du nur vergessen, die Tür zuzusperren?“

Die dicke Wirtin, sah irritiert auf. Sie starrte die drei Jungen an, als wären sie eine Sinnestäuschung. „Natürlich habe ich die Kammer abgesperrt.“ Wie zur Bestätigung klapperte sie mit dem Schlüsselbund, der an ihrem Rockbund hing.

„Weiber!“, meinte der Wirt nur. „Man kann ihnen tatsächlich nicht trauen.“

Hannes, der gerade den Deckel auf das fertig gepackte Fass setzte, nickte zustimmend. „Wir können losziehen“, erklärte er dann. „Dies war das letzte Fass.“

„Nicht, bevor wir diese Burschen gefesselt haben", erwiderte der Wirt. Dann horchte er auf. „Was ist denn das? Sind das Pferde?" Tatsächlich konnte man in der Ferne ein schwaches Wiehern und Stimmengewirr hören. Wütend starrte er die Jungen an. „Ihr Mistkerle, ihr habt den Büttel benachrichtigt!"

Es blieb keine Zeit mehr, die Jungen zu fesseln. Hannes rollte das Fass Richtung Wagen und hob es zusammen mit Albert auf die Ladefläche. Danach sprang er auf den Kutschbock, wo Rosa und der Wirt bereits saßen.

„Hü!", spornte er die Gäule an, sobald auch Albert auf den Wagen geklettert und sich neben die Fässer gequetscht hatte. Ungeduldig schnalzte er mit der Zunge und ließ die Peitsche knallen. Die Rösser warfen ihre Köpfe zurück und galoppierten los. Der Wagen mit den Fässern und seinen Passagieren jedoch rührte sich nicht vom Fleck. Die vier Verbrecher blickten mit offenen Mündern den Pferden nach, die

bald vom Schneegestöber verschluckt wurden. Im gleichen Augenblick kam eine Gruppe bewaffneter Reiter den Weg von Eisenach herangaloppiert. Jutta hatte es geschafft, den Büttel und seine Männer rechtzeitig zu alarmieren. Es dauerte nicht lange, und sie hatten den Geldfälschern Handschellen angelegt und sie ins Stadtgefängnis abgeführt.

Ein paar Tage später setzte Tauwetter ein. Obwohl es erst Anfang März war, konnte man bereits den Frühling riechen. Jeder war gut gelaunt, selbst Onkel Mattheus. Es war Sonntag und die Familie Falk saß in der guten Stube beim Mittagessen. Gerade nachdem sie das Tischgebet gesprochen hatten und sich Lukas gierig auf den leckeren Gänsebraten stürzen wollte, klopfte es an der Tür.

„Erwin Köhler will Euch sprechen“, kündigte Trude den Büttel an. Trotz des Vorfalls mit der Decke und dem Mantel war sie nicht entlassen worden. Jetzt blickte sie besorgt von Onkel Mattheus zu Tante Gisela. „Er wollte nicht in der Diele warten und ist mir die Treppe hoch gefolgt.“

Tatsächlich trat der Mann gleich hinter der Magd in die Stube. Er trug nicht, wie üblich, seine Amtskleidung, sondern seinen Sonntagsstaat: eine knielange

Schaube mit weiten Ärmeln und einem Pelzkragen. Er lüftete sein mit Federn geschmücktes Barett.

„Geht es etwa schon wieder um Falschgeld?“, fragte der Onkel mürrisch, nachdem er den Büttel begrüßt hatte. „Ich dachte, das Problem ist aus der Welt geschafft.“

„Ist es in der Tat“, erwiderte der Büttel. „Die Bande sitzt hinter Schloss und Riegel und wird so schnell keine falschen Groschen mehr prägen.“ Er öffnete lächelnd seinen Beutel. „Doch um Geld geht es genauer gesagt schon.“ Er zog zwei Münzen hervor.

Selbst Juttas kleine Schwestern, die sonntags mit den Großen essen durften, starrten den Büttel wie gebannt an.

„Es war eine Belohnung ausgeschrieben“, erklärte er lächelnd und legte einen Groschen vor Lukas, den anderen vor Jutta. Dann klopfte er auf seinen Beutel. „Eure beiden Freunde werden selbstverständlich den gleichen Betrag erhalten.“

Lukas und Jutta bedankten sich und strahlten um die Wette. Lukas hielt die Münze hoch und untersuchte sie ganz genau – schließlich konnte man nie wissen. Aber der Groschen war ohne jeglichen Makel. Jetzt blieb nur noch eine Frage zu klären: Obwohl sich der Burghauptmann als unschuldig erwiesen hatte, wollte Lukas trotzdem herausfinden, was es mit dem geheimnisvollen Gefangenen im Ritterhaus auf sich hatte. Doch Jutta kam ihm zuvor.

„Was geschieht mit Benno und dem stummen Mädchen?“, fragte sie.

„Die wurden ins Annenhospital gebracht.“

„Und die gestohlene Decke und der Mantel?“

„Den darf Benno selbstverständlich behalten“, mischte sich ihre Mutter ein. Erst danach gelang es Lukas, sich nach dem Gefangenen zu erkundigen.

„Junker Jörg?“, wunderte sich Erwin Köhler über die Frage des Jungen. „Der ist gestern plötzlich abgereist. Nach Wittenberg. Doch die neuesten Gerüchte sind bereits im Umlauf: Jörg, so sagt man, sei nicht sein richtiger Name gewesen. Es wird behauptet, dass es sich um den berühmten Doktor Luther aus Wittenberg gehandelt habe. Angeblich hat er oben auf der Burg das Neue Testament aus dem Griechischen ins Deutsche übersetzt.“ Er schüttelte den Kopf. „Auf welche Ideen die Leute nur kommen.“

Doch Lukas kam dieser Gedanke gar nicht so abwegig vor. „Manchmal“, meinte er, „erweisen sich Gerüchte als Wahrheit.“ Und damit sollte er recht behalten.

Lösungen

Falschgeld

Das Wappen unten auf der Münze unterscheidet sich von den anderen Münzen.

Rechenaufgaben

Die Lösung lautet: Wir könnten nächste Papierlieferung zur Burg hochbringen. Dabei hätten wir Gelegenheit, uns umzusehen.

Unter Verdacht

Trude erwähnt die Wolldecke. Die Tante spricht aber nur von den Sachen aus der Flickentruhe.

Auf der Wartburg

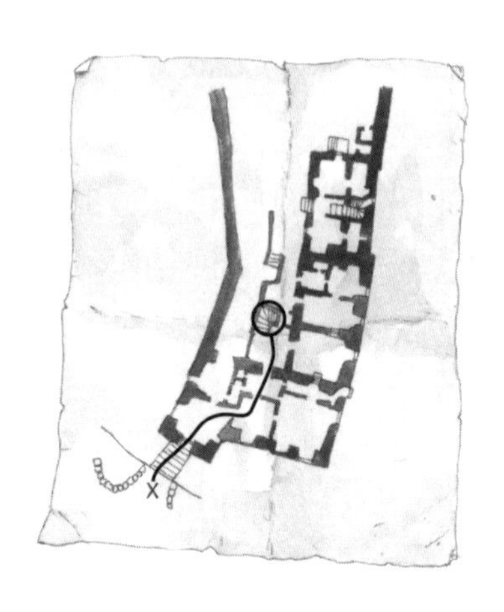

Der Gefangene im Ritterhaus
Lukas hat Trude entdeckt, die in einer Apotheke einkauft.

Nächtlicher Ausflug
Wenn man von hinten nach vorne liest und Leerzeichen und Satzzeichen einfügt, erhält man folgende Lösung: Benno geht es besser. Medizin hat gewirkt. Ist spazieren. Kommt gleich wieder.

Der entlaufene Mönch
Der Name des Tores muss die Buchstaben T, E, R, N, A und L einschließen. Das Frauentor hat kein L, Predigertor kein N, Nikolaitor kein E, Georgentor kein A. Also bleibt nur das Nadeltor übrig.

Neue Spuren
Die Nachricht auf dem Zettel lautet: An Meister Petzold. Bitte liefern Sie die großen Weinfässer direkt zur Burg. Ihr Hans von Berlepsch

Das Wirtshaus vor dem Tor
Einer der Knoten ist nur eine Schlaufe und kann problemlos aufgezogen werden.

Glossar

Angstloch: Der einzige Zugang zu einem Turmgefängnis in mittelalterlichen Burgen. Der Gefangene wurde mit einem Seil in das darunterliegende Verlies abgeseilt

Annenhospital: Krankenhaus für Arme und Kranke, das von der heiligen Elisabeth gestiftet wurde

Asinus: lateinisch für Esel. Unartigen Schülern wurde als Strafe eine Eselsmaske aufgesetzt

Barett: ein flacher, runder oder eckiger Hut, meist aus Stoff gefertigt, häufig mit Federn geschmückt

Burgvogt: Verwalter einer Burg, auch Burghauptmann

Büttel: alte Bezeichnung für einen Angestellten des Gerichts, der polizeiliche Tätigkeiten ausführte

Eisenach: Stadt in Thüringen

Friedrich der Weise (1463–1525): Kurfürst von Sachsen, der Luthers Reformgedanken unterstützte

Groschen: Münze, meist aus Silber hergestellt

Gulden: Münze, ursprünglich aus Gold, später auch aus Silber hergestellt

Holzpantinen: aus Holz gefertigte Schuhe

Jungfer: unverheiratete junge Frau

Junker: Sohn eines Edelmanns

Katheder: Pult eines Lehrers, das meist auf einem Podium stand

Kienspäne: länglich geschnittene Holzstücke, die, in einen Halter gesteckt, zur Beleuchtung benutzt wurden

Kontor: Büro eines Kaufmanns

Kurrende: Schülerchor, der singend von Tür zu Tür zog,

aber auch bei Beerdigungen und Hochzeiten Dienst tun musste. In manchen Gegenden Deutschlands gibt es noch heute Kurrendesänger

Lateinschule: weiterführende Schule, die Schüler auf die Universität vorbereitete

Magister: lateinisch für Lehrer

Nadelöhr: Bezeichnung für eine kleine Pforte, die für Fußgänger in einem großen Tor eingelassen ist

Oheim: altmodischer Ausdruck für Onkel, insbesondere der Bruder der Mutter

Puer: lateinisch für Junge

Rechentuch: Tuch mit Linien, mit dem man, mithilfe von Tontalern, Rechenaufgaben lösen konnte

Schaube: meist knielanger, manchmal aber auch knöchellanger Mantel, der oft mit einem Pelzkragen besetzt war

Wachstafel: mit Wachs beschichtete Schreibtafel

Wartburg: Burg in Eisenach, die 1067 erbaut wurde

Wittenberg: Stadt in Sachsen-Anhalt

Zeittafel

1483	Martin Luther wird am 10. Nov. in Eisleben als Sohn eines Bergmanns geboren.
1484	Die Familie Luther zieht nach Mansfeld, wo der Junge Martin eingeschult wird.
1497–1501	Luther besucht die Lateinschule in Magdeburg, anschließend wird er zur Familie Cotta nach Eisenach geschickt, wo er in die Georgenschule geht.
1501	Luther beginnt in Erfurt Jura und Philosophie zu studieren.
1505	Während Luther von einem Besuch bei den Eltern nach Erfurt zurückkehrt, gerät er in ein Gewitter. Als dicht neben ihm ein Blitz einschlägt, gelobt er, Mönch zu werden und tritt ins Erfurter Augustinerkloster ein.
1507	Luther wird zum Priester geweiht und beginnt im Sommer mit dem Studium der Theologie.
1508	Der Klostervorsteher schickt Luther nach Wittenberg, um dort an der Universität zu unterrichten.
1512	Luther promoviert zum Doktor der Theologie.
1517	Am 31. Oktober schickt Luther 95 Thesen gegen den Ablasshandel an den Erzbischof und schlägt sie an die Tür der Wittenberger Schlosskirche an.

1518	Der Papst verwirft die Thesen Luthers als ketzerisch und ruft ihn nach Augsburg, wo er vom päpstlichen Vertreter, Kardinal Cajetan, verhört wird. Obwohl der Papst fordert, alle seine Schriften zu widerrufen, weigert sich Luther.
1520	Luther veröffentlicht weitere Schriften, in denen er Reformen der Kirche fordert. Als Folge droht der Papst an, ihn zu bannen. Dessen ungeachtet verbrennt Luther das päpstliche Schreiben.
1521	Der Papst verhängt den Kirchenbann über Luther. Im Frühjahr wird Luther von Kaiser Karl V. zum Reichstag nach Worms geladen, wo auch dieser von ihm verlangt, seine Schriften zu widerrufen. Da Luther sie immer noch verteidigt, wird er als vogelfrei erklärt. Auf der Heimreise nach Wittenberg lässt ihn Friedrich der Weise zum Schein entführen und auf die Wartburg bringen. Dort lebt er die nächsten Monate unter dem falschen Namen Junker Jörg und beginnt, das Neue Testament zu übersetzen.
1522	Als Reaktion auf Luthers Schriften stürmen Studenten die Kirchen Wittenbergs, und erste Mönche treten aus den Klöstern aus. Luther verlässt im März nach zehn Monaten den Schutz der Wartburg und kehrt zurück nach Wittenberg, wo er dem Bann

	zum Trotz wieder an der Universität unterrichtet. Die ersten gedruckten Exemplare des ins Deutsche übersetzten Neuen Testaments erscheinen im September.
1523	Der Reformationsgedanke breitet sich in zahlreichen deutschen Städten aus, und Mönche und Nonnen treten aus den Klöstern aus. Luther beginnt mit der Übersetzung des Alten Testaments.
1524	Luther tritt aus dem Kloster aus. Erste Bauern erheben sich gegen die Obrigkeit.
1525	Beginn der Bauernkriege, die im Juni niedergeschlagen werden. Luther heiratet Katharina von Bora, eine ehemalige Nonne.
1529	Im Reichstag zu Speyer fordert der Kaiser, die Neuerungen der Kirche einzustellen, doch die reformatorischen Reichsherren protestieren dagegen.
1530	Auf dem Reichstag in Augsburg bekennen sich die Anhänger Luthers erstmals öffentlich zum protestantischen Glauben.
1531	Die protestantischen Landesherren schließen sich im Schmalkaldischen Bund gegen den Kaiser zusammen.
1534	Die erste vollständige Lutherbibel wird gedruckt.
1546	Luther stirbt am 18. Februar in Eisleben.
1555	Katholiken und Protestanten werden im Augsburger Religionsfrieden als gleichberechtigt erklärt.

Martin Luther und die Reformation

Gegen den Ablasshandel

Neben der Hölle fürchteten die Menschen seit dem Mittelalter nichts mehr, als im Fegefeuer zu schmoren. Man stellte es sich als grausamen Ort vor, wo die armen verstorbenen Seelen gefoltert wurden, während sie darauf warteten, in den Himmel aufzusteigen. Natürlich konnte man die Qualen der armen Seelen im Fegefeuer durch Gebete, Wallfahrten und gute Werke verkürzen, doch es gab noch einen einfacheren Weg:

Gegen Bezahlung konnte man einen Ablassbrief kaufen. Das päpstliche Siegel garantierte, dass einem Menschen die Strafe für alle Sünden erlassen wurde. Selbst verstorbenen Verwandten, die bereits im Fegefeuer waren, konnte man auf diesem Weg einen Platz im Himmel garantieren. Mit dem Ruf „Wenn das Geld im Kasten klingt, die Seele in den Himmel springt" zogen Ablassprediger durch das Land, um diese Briefe anzupreisen, je größer die Sünde, umso teurer das Dokument. Der Erlös ging an die Kirche – eine beträchtliche Einnahmequelle für den Papst in Rom, der damit seinen extravaganten Lebensstil und den Bau eines neuen Doms finanzieren konnte.

Während die Kirche Reichtümer anhäufte, unterrichtete Martin Luther, ein Mönch und Doktor der Theologie, an der Universität in Wittenberg. Er war der Meinung, dass Seelenheil nicht mit Geld erkauft werden konnte, und kritisierte den Missbrauch des Ablasshandels immer wieder in seinen Predigten und Vorlesungen. Im Oktober 1517 entschloss er sich, schriftlich dagegen vorzugehen. Er schickte 95 Thesen gegen den Ablasshandel an seine kirchlichen Vorgesetzten und seine Freunde. Laut einer Legende soll er sie auch an die Tür der Wittenberger Schlosskirche genagelt haben, für alle gut sichtbar. Ohne sein Wissen wurden Luthers Thesen obendrein auf Flugblättern veröffentlicht, die sich in Windeseile im ganzen Reich verbreiteten. Die Handzettel lösten eine Welle aus, die niemand hätte ahnen können und die eine Spaltung der Kirche zur Folge hatte. Dabei wollte Luther mit seinen 95 Thesen eigentlich nur die Abschaffung des Ablasshandels erreichen und die katholische Kirche für Reformen gewinnen.

Gebannt und vogelfrei

Obwohl der Papst in Rom die Thesen zur Kenntnis nahm, reagierte die Kirche zunächst nicht. Sie wies nur Luthers direkte Vorgesetzte an, den aufsässigen Mönch zu mäßigen. Luther versuchte sich deswegen in weiteren Schriften zu rechtfertigen. Doch statt damit die Kluft zwischen sich und der katholischen Kirche zu beseitigen, vertiefte er sie, denn immer mehr Fürsten ließen sich für Luthers Reformvorschläge begeistern. Der Papst sah schließlich doch keinen anderen Weg, als dem rebellischen Mönch mit dem Kirchenbann zu drohen. Er verlangte, die ketzerischen Lutherschriften im ganzen Land zu verbrennen, und Luther wurde aufgefordert, diese zu widerrufen. Als Luther der päpstlichen Forderung nicht nachkam und stattdessen das päpstliche Schreiben verbrannte, machte der Papst seine Drohung wahr. Im Januar 1521 wurde über Luther der Kirchenbann verhängt, eine der schlimmsten Strafen, die einem zuteilwerden konnten – Luther wurde aus der kirchlichen Gemeinde ausgeschlossen.

Im folgenden Frühjahr lud der deutsche Kaiser Karl V., der erst kürzlich den Thron bestiegen hatte, Luther zum Reichstag nach Worms. Als Katholik konnte der Herrscher unmöglich einen Ketzer in seinem Reich dulden, und er unternahm deswegen einen abermaligen Versuch, Luther zur Widerrufung seiner Schriften zu bewegen. Ohne Erfolg! Luther blieb dabei, seine Ideen zu verteidigen, was zur Folge hatte, dass zusätzlich zum Kirchenbann die kaiserliche Reichsacht über ihn verhängt wurde. Er war vogelfrei! Zwar hatte der Kaiser ihm die sichere Heimreise garantiert, doch Luther hatte alle Bürgerrechte verloren. Jedermann konnte ihn ausrauben oder töten, ohne dafür bestraft zu werden. Es war sogar erste Bürgerpflicht, einen Geächteten zu fangen und den Behörden auszuliefern. Luther schwebte in Lebensgefahr! Tatsächlich tauchten auf der Heimreise von Worms nach Wittenberg plötzlich Reiter auf. Sie zogen Luther vom Wagen, setzten ihn auf ein Pferd und ritten mit ihm in den Wald davon. Der rebellische Mönch aus Wittenberg verschwand ohne jede Spur. Viele waren überzeugt, man hätte ihn ermordet.

Doch Luther war am Leben. Die Entführung, organisiert von seinem Landesherrn Kurfürst Friedrich dem Weisen, war nur vorgetäuscht, um seine Gegner in die Irre zu leiten. Man brachte ihn zur Wartburg, wo er die nächsten zehn Monate unter der Obhut des Burgvogts Hans von Berlepsch verbrachte. Damit ihn niemand erkannte, nannte er sich Junker Jörg, ließ sich einen Bart stehen und seine Haare wachsen. Nur seine engsten Freunde hatten hin und wieder Kontakt mit ihm. Doch Luther ließ die Zeit auf der Burg nicht ungenutzt. In seiner Stube im Ritterhaus begann er, das Neue Testament aus dem Griechischen ins Deutsche zu übertragen. In nur zehn Wochen hatte er die Übersetzung fertiggestellt. Nur wenige Monate später erschienen die ersten gedruckten Exemplare, die reißenden Absatz fanden.

Die Welt in Aufruhr

Trotz aller Einwände des Papstes und der Bischöfe fanden Luthers reformatorische Ideen immer mehr Anhänger, vor allem unter den Professoren und Studenten Wittenbergs. Während Luther in der Abgeschiedenheit der Wartburg das Neue Testament übersetzte, versuchten die Anhänger der Reformation, die neue Kirchenordnung in Wittenberg durchzusetzen. Priester heirateten, Mönche und Nonnen traten aus den Klöstern aus, Heiligenstatuen und Bilder wurden gewaltsam aus den Kirchen entfernt und verbrannt. Zwar hatte Luther in seinen Schriften von Reformen gesprochen, doch nie von Gewalt. Trotz des Banns kehrte er nach Wittenberg zurück, um die rebellischen Studenten zu besänftigen. Erfolgreich schlichtete er die Unruhen, doch die Reformation ließ sich nicht mehr aufhalten.

Ein paar Jahre später, im Herbst 1524, kam es zu neuen Aufständen. Die Bauern im südlichen Schwarzwald hatten sich gegen Ritter und Geistliche erhoben. Auch sie hatten inzwischen von den Lehren Luthers gehört, vor allem von seiner Idee, dass alle Christen freie Menschen seien. Schon seit Langem unzufrieden mit ihrer Situation, bot ihnen dies eine handfeste Rechtfertigung, sich gegen ihre Unterdrücker aufzulehnen. Im folgenden Jahr hatte der Bauernaufstand bereits auf andere Gebiete Deutschlands übergegriffen. Mit Sensen, Mistgabeln und Äxten zogen sie plündernd durchs Reich, zerstörten Burgen

und brannten Klöster nieder. Dabei hofften sie auf die Unterstützung Luthers, doch der hielt sich zurück. Zwar gab er anfangs zu, dass sie Unrecht erlitten, und kritisierte die Fürsten, doch als er es nicht schaffte, sie zum Frieden zu bewegen, änderte er seine Meinung. Er stimmte den Fürsten zu, gegen die Aufständischen mit Waffengewalt vorzugehen, und brachte so den Bauernaufstand zum Scheitern. Die religiösen Umwälzungen dagegen waren nicht mehr zu bremsen. Immer mehr Fürsten und ihre Untertanen bekannten sich zum neuen Glauben. Ein Krieg zwischen dem katholischen Kaiser und den protestantischen Reichsstädten brach aus. Nach langen Auseinandersetzungen wurden die Lutheraner dann endlich als gleichberechtigt neben den Katholiken anerkannt. Doch Luther sollte diesen Tag nicht mehr erleben, er war bereits neun Jahre zuvor gestorben.

Renée Holler, Jahrgang 1956, studierte Ethnologie und arbeitete zunächst als Buchherstellerin, bevor sie auf Reisen rund um die Welt ging. Seit 1992 lebt sie mit ihrem Mann und ihren zwei Kindern in England, wo sie schreibt und übersetzt.
Renée Holler im Internet:
http://www.reneeholler.com

Günther Jakobs, geboren 1978, studierte Design und Philosophie und arbeitet seitdem als Kinder- und Jugendbuchillustrator. Wenn er eine Pause braucht, setzt er sich an sein Klavier oder spielt Klarinette. Er macht aber nicht nur Musik, sondern hört sie auch gerne – am liebsten Jazz. Günther Jakobs wohnt und arbeitet in Münster.

Die Drohung

„Was zum Teufel ist denn hier passiert?“, rief Friedel, als er wie jeden Morgen die Tür zur Druckerei öffnete. Durch die mit Pergament bespannten Fensteröffnungen drangen die ersten Sonnenstrahlen in die Werkstatt, und Friedel konnte nicht glauben, was er sah: Die Setzkästen waren umgeworfen, und die kleinen Metallbuchstaben, die sonst sortiert und griffbereit in ihren Fächern lagen, waren kreuz und quer im ganzen Raum verteilt. Druckerballen waren aufgeschlitzt worden und das herausgerupfte Rosshaar auf der wertvollen Holzpresse verteilt.

„Oh nein! Jemand ist in die Druckerei eingebrochen und hat alles verwüstet.“ Friedel wünschte, er wäre heute nicht als Erster aus dem Haus gegangen, sondern hätte so lange gewartet, bis auch sein Meister mit dem Frühstück fertig gewesen wäre. Er raufte sich die braunen Haare. Dann entdeckte er, dass bei einem der Fenster zur Straße hin ein großes Loch ins Pergament gerissen worden war. Durch diese Öffnung musste der Einbrecher in die Druckerei geklettert sein. Dabei hatte er die zähflüssige schwarze Druckerschwärze umgestoßen und war anschließend hineingetreten. Überall waren Fußspuren zu sehen – sogar auf dem frisch bedruckten Papier, das achtlos auf den Boden geworfen worden war.

„Was wird nur Meister Gutenberg dazu sagen?", dachte Friedel und rieb seine schweißnassen Hände an der braunen Leinenjacke ab. „Ich muss sofort zurück ins Haus und ihn holen."

So schnell ihn seine Füße trugen, lief Friedel aus der Druckerei und überquerte den Innenhof. Atemlos stürmte er in das Wohnhaus von Gutenberg, in welchem er als Lehrling ebenfalls eine kleine Kammer zum Schlafen hatte.

„Meister", rief Friedel und riss die Tür zur Küche auf. „Kommt schnell in die Werkstatt, es ist etwas Furchtbares passiert!"

Gutenberg, der gerade seine Morgensuppe aus Milch und Gerste löffelte, blickte von seinem Schälchen hoch und sah Friedel erwartungsvoll an.

„Was ist denn los? Beruhig dich erst einmal, und erzähl mir dann, was geschehen ist." Er legte den Holzlöffel ab und strich sich über seinen Bart.

„Die Werkstatt ... ich glaube ...", stammelte Friedel. „Das müsst Ihr selbst sehen!" Bei diesen Worten drehte er sich bereits wieder um und lief zurück.

Gutenberg stand so schnell auf, dass sein Hocker umfiel, und eilte Friedel hinterher. Er wusste, dass sich sein Lehrling niemals einen solchen Scherz erlauben würde. So schnell die beiden konnten, hasteten sie zur Druckerei.

„Heilige Maria, steh mir bei", flüsterte Gutenberg, als er das Durcheinander mit eigenen Augen sah. Sein kantiges Gesicht wurde aschgrau, und seine ohnehin magere Gestalt fiel völlig in sich zusammen. „Wer tut so etwas? Und warum?" Laut seufzend fuhr sich Gutenberg durch seinen Bart, bevor er sich vorsichtig in die Mitte des Raumes bewegte.

„Lass uns zuerst einmal nachsehen, ob etwas gestohlen wurde", schlug er vor. Dabei drehte er sich um die eigene Achse, als könne er so das Ausmaß der Verwüstung abschätzen. Friedel, der froh war, sich nützlich machen zu können, lief zum Regal und schaute in die unteren Fächer. Dann fiel ihm plötzlich etwas ein,

und er stellte sich schnell auf einen Hocker, um in die oberen Ablagefächer zu schauen.

„Das Pergament ist noch da!“, rief Friedel erleichtert aus, während Gutenberg ein Kreuzzeichen machte und „Dank sei Gott dem Herrn!“ flüsterte.

„Wenn das Pergament gestohlen worden wäre, hätte ich die Werkstatt schließen müssen“, erklärte Gutenberg. „Du weißt ja, dass ich ohnehin schon hoch verschuldet bin: die Löhne für die Mitarbeiter, das Blei und Zinn, die Holzkohle für die Gussöfen ... Etzlaub hat mir bereits mit einem Prozess gedroht, wenn ich ihm nicht bald einen Teil seines Geldes zurückzahlen kann.“

Friedel sprang wieder vom Hocker und wünschte, er könnte seinem Meister irgendwie helfen. Er wusste schon länger von den Sorgen Gutenbergs, der sein ganzes Vermögen in eine einzige Erfindung gesteckt hatte: den Buchdruck. Aber selbst sein ansehnlicher Besitz hatte nicht gereicht, um die anfallenden Kosten zu decken, und so musste der einst wohlhabende Patrizier zusätzlich ein Darlehen im Wert von zwei Wohnhäusern aufnehmen. Der reiche Mainzer Kaufmann Etzlaub hatte ihm 1600 Gulden zur Verfügung gestellt, die Gutenberg im Laufe des Jahres mit Zins und Zinseszins zurückzahlen musste. Durch den

Druck und den anschließenden Verkauf von 180 Bibeln plante Gutenberg seine Schulden nach und nach zu begleichen.

„He, was stehst du da so herum? Hilf mir lieber beim Aufräumen!“ Eine laute Stimme riss Friedel aus seinen Gedanken, und er sah, dass sein Meister bereits die Hälfte des Papiers vom Boden aufgehoben hatte. „Ich komme ja schon“, murmelte Friedel und machte sich ebenfalls an die Arbeit. Dabei fragte er sich jedoch, wie Gutenberg seinen Schuldenberg jemals loswerden wollte, denn die hohen Ansprüche, die der Meister an sein Werk stellte, ließen schnelle Erfolge nicht zu. Wenn ein Buchstabe falsch gesetzt, die Druckerschwärze nicht gleichmäßig verteilt oder gar eine Falte im Papier war, zerriss Gutenberg die Seiten vor den Augen seiner Mitarbeiter: „Wir müssen uns an den handgeschriebenen Büchern messen lassen, die in den Schreibstuben der Klöster angefertigt werden. Erfolg werden wir nur haben, wenn wir besser und genauer arbeiten als die Mönche und Nonnen.“ Mehr als einmal hatte Gutenberg mit seinen Anforderungen die Mitarbeiter in die Verzweiflung getrieben.

Während Friedel seinen Gedanken nachhing, kroch er auf allen vieren, um die Lettern vom Boden aufzusammeln. Dabei blieben seine verschlissenen Leinenhosen bei jeder Bewegung in der zähflüssigen Druckerfarbe kleben.

„So eine verfluchte Sauerei!", schimpfte er gerade, als die Gesellen Arthur und Gustav in die Druckerei kamen.

„Friedel, fluchst du etwa schon ...", brachte Arthur gerade noch heraus, bevor es ihm die Sprache verschlug. Mit offenem Mund starrte er das vor ihm liegende Chaos an.

„Heilige Mutter Gottes! Hier war der Teufel selbst am Werk!", rief Gustav und schlug die Hände über dem Kopf zusammen.

„Wir hatten heute Nacht Besuch", sagte Gutenberg bedrückt, während er begann, die ersten Metalllettern wieder in die Setzkästen zu sortieren. „Und es sieht ganz so aus, als ob jemand unsere Arbeit behindern will."

Ratekrimis aus aller Welt!

Weitere Titel aus der Reihe:

- Verschollen im Regenwald
- Jagd auf die Juwelendiebe
- Zum Dinner ohne Alibi
- Koalas spurlos verschwunden
- Verrat im Tal der Könige